Lübbe

BASTEI LÜBBE TASCHENBUCH
Band 61005

Originalausgabe

Copyright © 2018 by Bastei Lübbe AG, Köln
Illustrationen im Innenteil: Lena Ellermann
Übersetzung der Märchen von HC Andersen von Julius Reuscher
Titelillustration und Umschlaggestaltung: Lena Ellermann
Satz: Guido Klütsch, Köln
Gesetzt aus der Diaria Pro
Druck und Verarbeitung: Appel & Klinger, Schneckenlohe

Printed in Germany
ISBN 978-3-404-61005-1

5      4      3      2      1

# ARNE JOHANSEN

# HYGGELIGE WEIHNACHTEN

Alles für die gemütlichste Zeit
des Jahres

Lübbe

# INHALT

# I.

# WAS MACHT

# WEIHNACHTEN HYGGELIG?

Weihnachten liegt uns Dänen schon seit Jahrhunderten sehr am Herzen. »Jul«, wie wir das Fest nennen, hat eine lange und bemerkenswerte Vorgeschichte. Ursprünglich wurde das Julfest von vielen germanischen Stämmen zur Wintersonnenwende gefeiert. Als es dann im Zuge der Christianisierung zum Weihnachtsfest umgewidmet wurde, stand auch die ursprüngliche Bezeichnung auf dem Spiel. Harald I., genannt Blauzahn, seines Zeichens Namenspate der Datenübertragungsmethode Bluetooth*, wollte im 10. Jahrhundert »jul« durch die Neuschöpfung »kristmesse« ersetzen. Da hatten aber seine Untertanen etwas dagegen – schließlich legen Dänen Wert auf ihre Traditionen. Und für sie war jul nicht nur das Fest, nach dem die Tage wieder länger wurden, sondern hier wurde auch an den Sieg der Götter Odin und Thor über die Riesen gedacht. Heute ist Thor dank den Marvel-Comic-Verfilmungen sein Ruhm weiterhin sicher, aber das konnten die Dänen ja damals noch

---

* Auch wenn ich zu Scherzen neige; das ist kein Witz. »Bluetooth« ist tatsächlich nach Blauzahn benannt, was du daran erkennen kannst, dass das Bluetooth Zeichen aus den Runen Hagalaz ᚼ und Berkano ᛒ gebildet wurde, die für H (wie Harald) und B (wie Blauzahn) standen.

nicht ahnen. Wichtig ist für uns Nachgeborenen, dass der König auf seine Untertanen hörte und Weihnachten daher bis heute jul geblieben ist. In England hingegen, wo der Begriff »yule« mittlerweile ein Schattendasein führt, wurde das altgermanische Wort in der Alltagssprache nach und nach durch »christmas« verdrängt. Und heute sind gerade die Briten ganz verrückt nach unseren Weihnachtsbräuchen.

Ich glaube, nirgendwo auf der Welt wird das Weihnachtsfest so gründlich zelebriert wie in Dänemark. Es gibt Vorfeiern, Betriebsfeiern, Schulfeiern, Adventsfeiern, kleine Weihnachtsfeste, Weihnachtsfeiern unter Freunden und für Kinder – und für all diese Feste gibt es Traditionen und Rituale, die auf auswärtige Besucher so fremdartig wirken können wie die japanische Teezeremonie (wobei man sagen muss, dass Tee bei dänischen Weihnachtszeremonien eine eher untergeordnete Rolle spielt). Aber eines ist sicher: Jul – also Weihnachten – ist das hyggeligste Fest von allen.

Denn worum geht es bei Hygge noch mal? Um eine Atmosphäre, in der man sich wohlfühlt, um Gemütlichkeit und Gemeinschaft. Am Ende vor allem darum, dass man der Mensch sein darf, der man sein will, zusammen mit anderen, die einen so betrachten, wie man gern gesehen werden will. Wie so vieles im Leben sind auch Respekt und Zuneigung keine Einbahnstraße. Der amerikanische Dichter und Philosoph Ralph Waldo Emerson sagte einmal: »Wenn du Freunde haben willst, dann musst du selbst damit anfangen, ein Freund zu sein.« Ich weiß nicht, ob der gute Mann auf seiner Europareise im vorletzten Jahrhundert auch in Dänemark war, aber es klingt direkt so. Unter Freunden muss man niemandem etwas vormachen. Die einfachsten Dinge werden gemeinsam bedeutungsvoll:

miteinander reden, spielen und Mahlzeiten teilen oder nur lachen fühlen sich in der Gemeinschaft sinnvoll an – und machen gleich viel mehr Spaß. »Einfach« heißt hier weder billig noch gewöhnlich, sondern eher, dass man das Wesen der Dinge erfasst und zu schätzen weiß. Und wenn man sich dafür entscheidet, den positiven Dingen mehr Aufmerksamkeit zu schenken, werden die schlechten automatisch aus dem Fokus verbannt, und dabei schärft sich ganz nebenbei auch der Blick für das Wesentliche. So lebt sich Hygge.

Der deutsche Industriedesigner Dieter Rams prägte den Satz »Weniger ist mehr«, was ja auch nicht heißen sollte, einfach zu verzichten, sondern durch die Konzentration auf den Kern dafür zu sorgen, dass Dinge eine neue Qualität bekommen. Wem das zu akademisch klingt, der kann sich vielleicht an der Formulierung meines Landsmannes und Hygge-Gurus Meik Wiking erfreuen: »Hygge ist wie eine Umarmung ohne Berührung.« Wobei ich anmerken möchte, dass gerade in unserer Familie an Weihnachten schon mächtig viel umarmt wird. Das war es nun aber mit Zitaten von berühmten Leuten, kehren wir lieber wieder zum Thema Weihnachten zurück.

»Julehygge« ist eine Stimmung, die sich spätestens von Ende November an über das ganze Land legt. Und wenn du wissen willst, was es mit julehygge auf sich hat, dann bist du in diesem Buch genau richtig. Ich erzähle hier von allem, was mir zu den jeweiligen Aspekten des Themas einfiel. Und da mir aufgefallen ist, dass in gar nicht so wenigen anderen Büchern sehr viel mit Statistiken gearbeitet wird, habe ich mich hier vor allem auf meine persönlichen Erlebnisse konzentriert. Meine Familie ist mittlerweile fast über den ganzen Kontinent verteilt. Ich lebe seit einiger Zeit in Berlin, davor war ich in Hamburg, und meine Schwester – die Hygge als Hype und Weihnachten demonstrativ doof findet – wohnt in London und wird dort, so gemein kann das Leben sein, von den Briten immer wieder nach den »really charming Danish Christmas traditions« gefragt. Und ich könnte jetzt verraten, wer jedes Weihnachten beim Anstoßen feuchte Augen kriegt, aber das mache ich natürlich nicht.

Wie fast überall gibt es auch bei uns jenen gewissen Onkel, der öfter etwas merkwürdig drauf ist, aber manchmal auch richtig liebenswürdig sein kann, und zumindest hat es noch niemand übers Herz gebracht, ihn von der Gästeliste zu streichen. Weitere Mitglieder meiner Familie wirst du, wenn es passt, im Laufe des Textes näher kennenlernen. Wenn es mir angebracht schien, habe ich aber auch mal Namen und Situationen leicht verfremdet, um Unschuldige zu schützen. Denn natürlich sind wir am Ende des Tages Menschen wie jeder andere auch. Auch bei uns gibt es Krisen und Kräche, und gerade an Weihnachten können Konflikte schon mal hochkochen.

Bestimmt hast du mitbekommen, dass wir Dänen laut dem World Happiness Report zu den glücklichsten Nationen der Welt gehören (und das nicht nur an Weihnachten). Dass trotzdem nicht jeder Däne ein ewig strahlender Glückskeks ist, hast du dir wahrscheinlich auch schon gedacht. Aber genauso wahr ist es, dass die meisten Dänen sich glücklich schätzen und wenn sie nach längerer Zeit in ihre Heimat zurückkehren, eine Art unsichtbares Band empfinden, das sie und ihre Landsleute umschließt. Das geht schon im Zug – oder anderen Transportmitteln – los. Die Sitznachbarn scheinen einen eine Spur freundlicher anzublicken, und wenn man in den Speisewagen oder aufs Örtchen geht, zögert man in der Regel nicht, den Platznachbarn zu bitten, ein Auge auf das Reisegepäck zu werfen.

Wenn ein großer Teil der Familie in der Fremde verstreut ist, dann sind die Weihnachtstraditionen doppelt wichtig, denn so hat man das Gefühl, ein kleines Stück Dänemark mit auf die Reise genommen zu haben. Und was wir in unserer Familie bei unseren Festen so treiben, davon will ich hier auch berichten. Was selbstverständlich nicht bedeutet, dass es in jeder dänischen Familie oder in jedem Freundeskreis so zugehen muss.

Das Buch ist so aufgebaut, dass man es ganz traditionell von vorn nach hinten lesen kann. Es spricht aber auch nichts dagegen, wenn du dir einfach die Kapitel heraussuchst, die dich am meisten interessieren. Mach es am besten so, wie du es am hyggeligsten findest.

In diesem Sinne
God jul
*Arne Johansen*

## AUS *DIE SCHNEEKÖNIGIN*
## *VON HANS CHRISTIAN ANDERSEN*

Im Winter hatte dies Vergnügen ein Ende. Die Fenster waren oft ganz
zugefroren. Aber dann wärmten die Kinder Kupferdreier auf dem Ofen,
legten den warmen Dreier gegen die gefrorene Scheibe, und dann
entstand da ein rundes, schönes Guckloch; dahinter blitzte ein lieblich
mildes Auge, eins von jedem Fenster; das war der kleine Knabe und
das kleine Mädchen. Er hieß Karl, und sie hieß Gretchen. Im Sommer konnten sie mit einem Sprunge zueinander gelangen, im Winter
mussten sie erst die vielen Treppen hinunter- und die andern Treppen
hinaufsteigen; draußen trieb der Schnee.

»Das sind die weißen Bienen, die schwärmen!«,
sagte die alte Großmutter.

»Haben die auch eine Bienenkönigin?«, fragte der kleine Knabe,
denn er wusste, dass unter den wirklichen Bienen eine solche ist.

»Die haben sie!«, sagte die Großmutter. »Sie fliegt dort, wo sie
am dichtesten schwärmen, sie ist die größte von allen, und nie ist sie
stille auf Erden, sie fliegt wieder in die schwarze Wolke hinauf.
Manche Winternacht fliegt sie durch die Straßen der Stadt und blickt
zu den Fenstern hinein, und dann gefrieren diese sonderbar,
gleich wie mit Blumen.«

»Ja, das habe ich gesehen!«, sagten beide Kinder, und nun
wussten sie, dass es wahr sei.

»Kann die Schneekönigin hier hereinkommen?«,
fragte das kleine Mädchen.

»Lass sie nur kommen«, sagte der Knabe, »dann setze ich sie
auf den warmen Ofen, und dann schmilzt sie.«

Aber die Großmutter glättete sein Haar und erzählte
andere Geschichten.

# II.

## HYGGELIGES RUND
## UM DEN WEIHNACHTSBAUM

Der erste dänische Weihnachtsbaum wurde 1808 von Frederik Adolph Holstein in seinem Schloss Holsteinborg aufgestellt. Man sagt, er hätte es seiner Gattin zuliebe getan. Denn die Herzogin hatte bei ihren Besuchen im Süden gesehen, dass die Deutschen mit einem Baum Weihnachten feiern, und irgendwie hat ihr die Sitte gefallen. Auf jeden Fall passten Weihnachtsbäume sehr gut zu seinem Anwesen. Das Herrenhaus ist ein Gemäuer aus rotbraunem Stein, das mit seinen grün bedachten Türmen geradezu märchenhaft aussieht. Was irgendwie ganz passend ist, denn ein paar Jahrzehnte nachdem der Graf seinen ersten Weihnachtsbaum aufgestellt hatte, war der Märchendichter Hans Christian Andersen dort regelmäßiger Gast.

Der erste Weihnachtsbaum in Kopenhagen wurde 1811 an der Ny Kongensgade 222 aufgestellt. Die Straße gibt es heute noch, wer will, kann also mal hinfahren und nachsehen. Allerdings gibt es von dem Weihnachtsbaum wohl keine Spur mehr. Hausherr unter der Nummer 222 war ein gewisser Doktor Lehmann, der die Wohnung zusammen mit seiner Gattin Frederike und ihrem Jungen Orla bewohnte. Die Nachbarn guckten nicht schlecht, als sie sahen, wie der junge Doktor mit der Tanne in seiner Bude anrückte, sie mitten im Wohnzimmer aufstellte und pünktlich um fünf Uhr nachmittags an Heiligabend Kerzen in die Zweige drückte und diese entzündete. Ich habe keine Ahnung, woher die Historiker wissen, dass der Doktor das Kerzenlicht genau um fünf angezündet haben soll, aber man verkündet mit derselben Gewissheit, dass Doktor Lehmann aus Holstein (diesmal ist der Landstrich gemeint, nicht die Adelsfamilie) stammte und dass er den Brauch von seinem Vater, der Pastor war, kennen- und schätzen gelernt hatte.

Jedenfalls hatte zumindest einigen Nachbarn gefallen, was sie da bei Lehmanns sahen, und im nächsten Jahr standen schon einige Weihnachtsbäume mehr in dänischen Wohnzimmern.

Anfangs stieß der Weihnachtsbaum allerdings nicht bei allen Dänen auf Gegenliebe. Der Dichter Nikolai Frederik Severin Grundtvig war ein entschiedener Weihnachtsbaum-Gegner, denn er fand, dass durch dieses ursprünglich heidnische Symbol der christliche Gehalt des Festes verwässert wurde. Nun, zumindest den Bildern nach, die von ihm noch existieren, hatte Meister Grundtvig sowieso meistens schlechte Laune, was aber daran gelegen haben kann, dass sein Name an ein Kastenbett von Ikea erinnerte und ihn seine Nachbarn deshalb gern durch den Kakao zogen. (Das ist natürlich ein Scherz. Damals gab es Ikea noch gar nicht, und der Name »Grundtvig« klingt in dänischen Ohren ganz anders als in deutschen.)

Jedenfalls verfasste der gute alte Grundtvig 1817 noch ein Pamphlet, in dem er gegen den Weihnachtsbaum wetterte, aber keine fünf Jahre später hatte er seine Meinung geändert. Nun war Poet und Pastor Grundtvig zu der Erkenntnis gekommen, dass der Weihnachtsbaum ein Geschenk Gottes sei und deshalb gegen ihn keinerlei Einwände bestünden. Zumindest stellten im Laufe des 19. Jahrhunderts auch immer mehr Kirchenmänner Weihnachtsbäume in ihren Heimen auf.

Und andere Dichter, wie zum Beispiel Bernhard Ingemann, schlossen den Baum trotz seiner Nadeln von Anfang an in die Arme. Was aber auch damit zu tun haben könnte, dass Bernard, der ebenfalls mit dem zweiten Vornamen Severin heißt, den Text zu *Glade jul, dejlige jul*, der dänischen Variante von *Stille Nacht, heilige Nacht*, verfasst hatte. Und das war ein Lied, welches sich natürlich hervorragend unter Weihnachtsbäumen singen ließ.

Auch wenn der Weihnachtsbaum also ursprünglich ein Importartikel war, wurde er von den Dänen schließlich vollkommen angenommen, und zwar sowohl als Käufer wie auch als Verkäufer. 1915 wurde zum ersten Mal vor dem Rathaus von Kopenhagen ein großer Weihnachtsbaum aufgestellt. Der kam damals noch aus Norwegen, inzwischen stammen die Bäume jedoch aus eigener Ernte. Dänemark gehört heute zu den größten

Weihnachtsbaum-Exporteuren weltweit; selbst Norwegen, das früher der Platzhirsch war, führt Christbäume vom südlichen Nachbarn ein.

Derzeit werden in Dänemark jedes Jahr zwölf Millionen Weihnachtsbäume geerntet. Damit ist unser kleines Land der größte Weihnachtsbaumlieferant in Europa. Das ist insofern bemerkenswert, als dass es vor dem Ende des Zweiten Weltkriegs noch gar keinen Weihnachtsbaum-Anbau gab. Aber wenn sich Dänen etwas in den Kopf gesetzt haben, dann finden sie auch bald einen Weg, auf dem sie ans Ziel kommen.

Die beliebteste Baumsorte ist die Nordmanntanne. Fachleute sagen, sie sei so etwas wie der Rolls-Royce unter den Weihnachtsbäumen. Da ein Großteil der Produktion nach Deutschland geht, ist es recht wahrscheinlich, dass du schon mal einen Weihnachtsbaum aus Dänemark zu Hause stehen hattest. Ich hoffe, es war dann ein besonders hyggeliges Fest.

Nun werden an einen Weihnachtsbaum verschiedene Ansprüche gestellt: Er soll wenig nadeln, gut riechen und natürlich dichte Zweige haben. Aus dänischer Sicht sind vor allem zwei Dinge wichtig. Er muss stark genug sein, damit man ihn mit diversen Dekorationen behängen kann (dazu mehr im nächsten Kapitel). Und er muss stabil genug stehen, damit man um ihn herumtanzen kann. Ich weiß gar nicht, was wir an Heiligabend gemacht haben, bevor der gute Graf Holstein den Baum aus den südlichen Gefilden importiert hat. Auf jeden Fall ist der Tanz um den Baum, bei dem sich Jung und Alt an den Händen fassen und singen, ein fester Teil des Weihnachtsrituals. Manchmal dehnt sich dieser Tanz sogar auf die ganze Wohnung oder sogar darüber hinaus aus.

Auf diese Weise erfährt man ganz handfest, dass man die Feiertage im wahrsten Sinne des Wortes im Kreis der Menschen verlebt, die einem lieb und nahe sind, und das ist – wie bereits erwähnt – natürlich besonders hyggelig. Außerdem werden dadurch Kindheitserlebnisse geschaffen, an die man sich ein Leben lang erinnert (wie ich bestätigen kann).

Und jetzt komme ich doch schon früher auf meinen Onkel Rasmus zu sprechen, der, wie bereits im Vorwort angedeutet, ein wenig merkwürdig ist. Rasmus ist der Bruder meiner Mutter, und er hatte nicht

allzu viel Glück im Leben. Er hat wohl auch nicht gar so viele Freunde, eigentlich sogar nur seine Kumpels Aqua und Vit. Deshalb hat ihn meine Mutter immer zum großen Festtagsschmaus eingeladen. Vielleicht liegt es am schlechten Einfluss seiner einzigen Freunde, jedenfalls gehört stille Dankbarkeit nicht unbedingt zu den Tugenden von Onkel Rasmus. Meist begann er schon beim Essen zu schwadronieren, dass er eigentlich ganz woanders sein müsste, statt in diesem popeligen Dänemark. Denn Onkel Rasmus war einige Jahre zur See gefahren und dabei sogar bis Valparaíso gekommen (ich weiß noch, dass mich das damals so sehr beeindruckt hat, dass ich sofort auf meinem kleinen Globus nachgesehen habe, wo Valparaíso liegt. Ich kann die Hafenstadt in Chile noch heute ohne Zögern auf jeder Karte der Welt zeigen). Dort hatte er wilde Sachen (tuscheltuschel) erlebt und diverse Gefahren (grummelgrummel) überstanden. Aber der eigentliche Grund, weshalb er woanders sein müsste, hatte einen Namen: Brigitte Nielsen. Wie er zumindest uns Kindern glaubhaft versicherte, war Brigitte seine große Jugendliebe gewesen, allerdings hätte sie sich von dem Ruhm Hollywoods und von Stars wie Sylvester Stallone oder Arnold Schwarzenegger blenden lassen und sei dem Ruf des schnöden Mammons gefolgt. Inzwischen habe sie natürlich längst ihren Fehler eingesehen. Allerdings traute sich die gute Brigitte nicht, den lieben Rasmus zum Fest nach Hollywood einzuladen, denn sie konnte ja nicht ahnen, dass er ihr schon längst verziehen habe. Deshalb schickte sie wohl jedes Jahr eine Einladung an Rasmus, nur um sie kurz vor dem Fest durch ihre herzlos kalte Agentin wieder zurückziehen zu lassen.

Anfangs hörten meine Schwester und ich Rasmus' Geschichten mit großen Augen zu, aber dann wurde sogar uns klar,

dass unser Onkel einfach nur ein Aufschneider war. Und irgendwann beschloss dann die ganze Familie, dem Turbo-Lover einen Streich zu spielen. Wir saßen gerade beim Weihnachtsbraten, als mein Vater wie beiläufig fragte: »Hat dich Brigitte dieses Jahr eigentlich wieder versetzt?«

Onkel Rasmus schüttelte traurig den Kopf. »Noch viel schlimmer. Diesmal hat sie nicht mal eine Einladung geschickt.«

»Das überrascht mich nicht«, sagte meine Schwester vorlaut. Dann hielt sie sich schnell die Hand vor den Mund, denn sie fürchtete, sich verraten zu haben. Onkel Rasmus wandte sich fragend an sie: »Wie meinst du das, Dörte?«

Dörte druckste ein wenig herum, aber meine Mutter sprang ein. »Brigitte hat dich nicht eingeladen, weil sie heute Abend zu uns kommen wird.«

Onkel Rasmus fiel vor Schreck fast die Gabel aus der Hand. Vater und Mutter erzählten sehr überzeugend, dass Brigittes fiese Agentin mit ihnen Kontakt aufgenommen habe, weil die Adresse von Onkel Rasmus sich ja mal wieder geändert hatte. Und eigentlich sollten sie nichts verraten – es sollte eine Überraschung werden –, aber weil alle wussten, wie sehr Onkel Rasmus seine Jugendliebe vermisste, wollte ihn keiner länger als nötig hinhalten.

»Und Brigitte freut sich total darauf, nachher mit uns um den Weihnachtsbaum zu tanzen«, fügte mein Vater mit Pokerface hinzu.

Die nächsten Stunden waren nicht leicht für Onkel Rasmus. Jedes Mal, wenn er meinte, ein Geräusch an der Tür zu hören, irrlichterten seine Blicke durch den Raum, als suche er einen Notausgang. Wir Kinder mussten dann leider irgendwann ins Bett, aber Onkel Rasmus soll bis weit nach Mitternacht sehr, sehr nervös gewesen sein. Und mit seiner großen Liebe Brigitte Nielsen hat er seitdem nicht mehr angegeben.

Auch heute als Erwachsener finde ich die Tradition des Um-den-Baum-Tanzens sehr schön und bewahrenswert, nur würde ich mich wohler fühlen, wenn ich von meinen jüngeren Angehörigen dabei nicht mit dem Handy gefilmt würde. Das nimmt dem Moment doch etwas die Unbefangenheit. Es gibt böse Zungen, die sagen, dass die Beschreibung »Dänen *tanzen* um den Weihnachtsbaum« sowieso etwas gewagt ist. Sie würden eher verkünden »Dänen *laufen* um den Weihnachtsbaum herum«. Ich habe auch schon Stimmen von Leuten gehört, die meinten, Dänen würden um den Weihnachtsbaum *latschen*. Diese Kommentare kommen aber nicht selten aus Schweden, und man darf nicht alles ernst nehmen, was von dort kommt.

Der Weihnachtsbaum ist damit natürlich der wichtigste grüne Schmuck für die Weihnachtszeit. Doch wir holen uns noch mehr Natur ins Haus, und das nicht erst zu den eigentlichen Feiertagen, sondern schon zum Beginn der Adventszeit: den Adventskranz. So richtig populär wurde der Kranz erst 1946, und das auch nur, weil er auf einer Weihnachtsbriefmarke abgebildet worden war.

Die Weihnachtsbriefmarken sind eine alte dänische Erfindung, die, verzeih bitte, falls ich angeberisch klinge, von vielen anderen Ländern nachgeahmt wurde. Um die Wende vom 19. zum 20. Jahrhundert war Tuberkulose eine weit verbreitete Krankheit, die vor allem Kinder in armen Familien traf. Einar Holbøll, ein einfacher Postbeamter, kam damals auf die Idee, vor dem Fest eine Spendenmarke herauszubringen, mit der Lungensanatorien finanziert werden konnten. Unter Briefmarkensammlern heißen solche Marken auch »Cinderella Stamps«, also Aschenputtel-Briefmarken, weil sie kein Teil des offiziellen Portos sind.

Einar ging mit der Idee zu seinem Chef, dem Oberpostboten (oder wie dieser Posten damals hieß). Der fand den Vorschlag gut, aber natürlich musste er sich die Idee erst noch vom König absegnen lassen. Christian IX. fand die Sache aber ebenfalls toll, und so wurden 1904 die ersten Marken gedruckt. Sie kosteten zwei Øre und zeigten ein Bildnis von Louise von Hessen-Kassel, die damals Königin von Dänemark war. Im ersten Ausgabejahr wurden von den Spendenmarken mehr als vier Millionen verkauft. In den folgenden Jahren wurde die Spendenmarken-Idee auch in anderen Ländern nachgeahmt, 1908 erschienen die ersten Marken in den Vereinigten Staaten. In Deutschland wurden diese Marken nach dem Ersten Weltkrieg eingeführt, allerdings bevorzugte man hier eher das Modell »Zuschlagmarke«, das heißt, zu dem Porto wurde noch ein Extra-Betrag gezahlt. (Aber wem erzähle ich das, das wisst ihr ja besser als ich.)

Von den Einnahmen wurde in Kolding ein Sanatorium gebaut, in dem man sich lange um lungenkranke Kinder kümmerte. Wer will, kann das

Sanatorium auch heute noch besuchen. Es ist inzwischen unter dem Namen Koldingfjord zu einem Hotel umgebaut worden.

Wenn man bedenkt, dass wir heute in Margarethe II. eine Königin haben, die auch als fröhliche Pafferin bekannt geworden ist, ist es nicht ohne Ironie, dass ihre Vorgänger-Prinzessin vor über einem Jahrhundert vor allem dadurch in der Welt bekannt wurde, dass sie etwas für die Lungengesundheit tun wollte. Aber es sind eben auch die kleinen Widersprüche und Gegensätze, die zum hyggeligen Leben in Dänemark gehören.

Die »julemærker« von 2017 zeigten übrigens eine bunte Auswahl von Kobolden, über diese »nisser« werde ich in Kürze berichten. Doch obwohl die Marken im Laufe der Jahre immer bunter und hübscher wurden, werden im Zeitalter von E-Mails und Textnachrichten immer weniger Briefe versandt und entsprechend weniger Weihnachtsmarken gekauft. Was ich schade finde, denn der gute Zweck, der sich dahinter verbirgt, ist doch eigentlich sehr hyggelig. Aber vielleicht arbeiten ja schon pfiffige Köpfe an einer elektronischen Version.

Von anderen vorweihnachtlichen Traditionen liegt der Ursprung dagegen nicht wirklich in Dänemark. Einen Nikolaus gibt es bei uns zwar nicht, auch Engel kommen bei uns viel seltener vor. So darf zum Beispiel an der Spitze des Weihnachtsbaums der berühmte Stern aus Silber oder Gold stecken, aber niemals eine Engelsfigur. Warum das so ist, weiß ich ehrlich gesagt nicht. Ich habe sogar meine Großeltern gefragt, aber die wussten auch keinen Grund. Es werde halt schon seit Generationen so gemacht, und wenn sich eine Tradition als hyggelig erwiesen hat, warum dann etwas ändern?

Dafür besucht uns aber am 13. Dezember unsere Lucia, die wir aus Sizilien importiert haben (genauer erzähle ich davon im Kapitel zum Thema Kerzen und Licht). Und auch unser Weihnachtsmann wäre keine echte dänische Kreation, wenn er nicht eine besondere Geschichte hätte. Ursprünglich war der Julemanden – so heißt die dänische Entsprechung des Weihnachtsmanns – eine Art Oberkobold gewesen, woran auch heute noch seine rote Mütze erinnert. Der Rest seines Gewandes war in früheren Zeiten noch grau, aber dann kam

in der Mitte des letzten Jahrhunderts ein amerikanischer Brausehersteller und sorgte dafür, dass Weihnachtsmänner in ganz Europa einheitlich rot gekleidet wurden. Der Einzug des Julemanden in die Städte Ende November bis Anfang Dezember kann ein Ereignis mit Nachrichtenwert sein, und wenn er dabei nicht auf einem Schlitten kommt, sondern in einem riesigen weißen Straßenkreuzer (so wie in Aarhus zum Beispiel), dann ist das schon ein Auftritt mit einem gewissen

Show-Effekt. Allerdings ist so ein Aufwand nicht überall üblich. Es gibt eben auch Leute, denen das weihnachtliche Brimborium (Hallo, Dörte!) ein wenig zu bunt ist.

Eine Frage, die immer wieder gern diskutiert wird, ist die Frage nach der Hausanschrift des Weihnachtsmanns. Dänischen Überlieferungen zufolge lebt der Weihnachtsmann auf Grönland, aber dass 1985 in Finnland in dem Städtchen Rovaniemi ein offizielles Weihnachtsmanndorf gegründet wurde – welches dann in dänischer Übersetzung auch schon Julemandens Landsby genannt wird –, wurde auch in Dänemark zur Kenntnis genommen. Dort gibt es auch ein Postamt, wohin Kinder ihre Wünsche an den Weihnachtsmann schicken können. (Ob es mittlerweile auch eine E-Mail-Adresse gibt, weiß ich nicht.)

Aber da nach dänischer Überlieferung der Hauptwohnsitz nie von Grönland wegverlegt wurde, beharren wir natürlich auf seiner grönländischen Adresse.

Sie lautet:

```
Julemanden
Box 785
3952 llulissat
```

2010 hat er sich allerdings noch einen Zweitwohnsitz in Kopenhagen zugelegt – möglicherweise damit die dänischen Kinder Porto sparen können. Sie lautet:

```
Julemanden
Julemandens Postcenter 24
0900 Kopenhagen
```

Die »24« in der Kopenhagener Adresse steht natürlich für den Heiligabend. Es kursieren im Internet auch weitere Adressen für den dänischen Weihnachtsmann (da soll er dann im Renntierweg o. ä. wohnen), aber da wäre ich skeptisch. Und wer es ganz genau wissen will, kann den Julemanden auch direkt anrufen, unter der Nummer 70 24 12 07. Die Vorwahl für Dänemark lautet übrigens 0045.

Aber natürlich kommt der Weihnachtsmann auch zu den Kindern nach Hause. Dafür müssen sie ganz laut im Garten nach ihm rufen. Als ich ein kleines Kind war, hatte ich das Glück, einige Jahre lang vom Julemanden erhört zu werden. So gehörte für mich der 24. Dezember immer zu den schönsten Tagen im Jahr. Leider mischte sich immer ein kleiner Wermutstropfen in meine Freude, denn mein geliebter Großvater konnte nie an dieser Tradition teilnehmen. Jedes Jahr war es dasselbe. Die Stunde rückte näher, in der ich im Garten meine Anrufung an den Weihnachtsmann starten wollte, da begann mein Großvater nervös zu werden. Und dann dauerte es nicht mehr lange, und er entschuldigte sich. Mal hatte er zu Hause etwas vergessen, mal musste er ganz dringend aufs gewisse Örtchen, dann wollte er nur schnöde ein Bier aus dem Keller holen.

Jedenfalls war er nie da, wenn ich den Julemanden ins Haus holte und wir gemeinsam mit ihm um den Baum tanzten. Wie gesagt, ich fand seine Abwesenheit sehr schade, denn nur zu gern hätte ich den Moment der familiären Freude mit ihm geteilt.

Deswegen will ich das mit meinen Kindern unbedingt besser machen. Sie sollen auf jeden Fall mit der ganzen Familie zusammen mit dem Weihnachtsmann um den Baum tanzen dürfen. Nur war ich leider bislang nie im Haus, wenn sie in den Garten gingen, um den Julemanden zu rufen. Irgendwie musste ich zu dem Zeitpunkt immer gerade etwas aus dem Keller holen.

Wenn Weihnachtsbäume durch die Gegend getragen und Julemanden auf den Straßen gesichtet werden, ist es Zeit für ein hyggeliges Groß-ereignis: die Weihnachtsmärkte. Dänische Weihnachtsmärkte sind bei Touristen und vielen Dänen sehr beliebt. Sie kommen, wie der Weih-nachtsbaum, von euch, und man muss fairerweise sagen: Wer deutsche Weihnachtsmärkte gewohnt ist, wird die dänischen Varianten eher niedlich finden. Unsere Märkte sind kleiner und haben auch nicht so lange geöffnet, oft nur die Adventswochenenden, manchmal sogar kür-zer. Nur große Märkte wie der vorm Tivoli bewegen sich in Dimensionen, wie ihr es aus Deutschland gewohnt seid. Aber das heißt ja nicht, dass man auf einem dänischen »julemarked« keine Entdeckungen machen kann. Deshalb hier ein paar Tipps zu unseren schönsten.

Der julemarked auf dem Schloss Egeskov gehört zu den ersten, die in der Saison ihre Pforten öffnen. Hier geht es schon im November los. Und zumindest 2018 ist die Angelegenheit auch im selben Monat schon wieder vorbei. Wenn man ehrlich ist, handelt es sich eher um einen Mittelaltermarkt, der eben auch weihnachtliche Motive verkauft, aber stimmungsvoll ist es dennoch. Das wunderschöne Wasserschloss auf der Insel Fünen – circa eine Autostunde von Odense entfernt – ist auf

jeden Fall einen Besuch wert. Neben verschiedenen Ausstellungen gibt es einen herrlichen Garten, der auch im Sommer Gäste anzieht.

Als ich ein kleiner Junge war, dachte ich immer, die Besitzer des Schlosses wären in den Urlaub gefahren und hätten vergessen, den Wasserhahn zuzudrehen; das Konzept eines Gebäudes, das auf fast allen Seiten von Wasser umgeben ist, war mir damals noch nicht vertraut. Wie es sich für ein richtiges Schloss gehört, hat auch Egeskov eine Legende, und zwar die vom Holzmännchen. Das ist eine Figur, die wohl früher mal in einem der vielen Säle stand, aber jetzt auf dem Dachboden eines Turmes liegt. Von dort darf sie niemals entfernt werden, denn sonst würde Egeskov – ausgerechnet an Weihnachten – im Wassergraben versinken.

Odense ist die Geburtsstadt des Dichters Hans Christian Andersen, und von daher ist es naheliegend, auf dem Markt die Zeit wiederauferstehen zu lassen, in der er seine Märchen geschrieben hat. Der Hans-Christian-Andersen-Weihnachtsmarkt ist eine Wochenendangelegenheit, er öffnet am Freitagnachmittag und schließt am Sonntag am frühen Abend. Doch wenn der Markt geschlossen ist, kann man immer noch einen Blick in das Geburtshaus des Dichters werfen.

Manche sagen, Aarhus wäre so etwas wie die heimliche Weihnachtshauptstadt von Dänemark. Deshalb ist es auch nicht verwunderlich, dass es hier gleich zwei Weihnachtsmärkte gibt. Der Markt im Ridehuset (Reithalle) befindet sich direkt im Stadtzentrum und konzentriert sich in seinem Angebot vor allem auf Produkte des dänischen Handwerks.

Den Gamle By, zu Deutsch »die alte Stadt«, ist ein Freilichtmuseum, in dem man jeden Dezember hautnah erleben kann, wie Weihnachten in Dänemark in den letzten Jahrzehnten, ja Jahrhunderten gefeiert wurde. Auf dem Gelände wurden Häuser aus verschiedenen Epochen der dänischen Geschichte »gesammelt« und historisch korrekt eingerichtet. Zur

Weihnachtszeit werden sie genauso geschmückt, wie es zur Zeit ihres Entstehens üblich war

Auch auf der Insel Ærø findet ein empfehlenswerter Weihnachtsmarkt statt. Der Name wird »Ärö« ausgesprochen, er steht im Dänischen für Ahorn. Bekannt ist der Ort vor allem bei Leuten aus aller Herren Länder, die gern schnell und unkompliziert heiraten wollen, denen Las Vegas aber zu weit weg oder zu klischeehaft ist. Die Trauungen werden hier im Zehn-Minuten-Takt durchgezogen, und alles, was die Paare brauchen, ist ein gültiger Pass und eine Ehe-Erklärung. Es sind auch diverse Gimmicks, wie zum Beispiel eine Hochzeit über den Wolken oder im Leuchtturm, möglich. Dabei es ist beileibe nicht so, dass hier nur Leute heiraten, die vor überbordender Bürokratie flüchten oder deren Familien verfeindet sind. Manche Leute wollen auch einfach nur ihre Ruhe bei der Zeremonie und Feierlichkeit in trauter Zweisamkeit haben.

Neben dem Standesamt gibt es auf Ærø eben auch einen Weihnachtsmarkt. Und da Weihnachten das Fest der Liebe ist, eignet sich dessen Kulisse natürlich besonders gut dafür, einen Antrag zu stellen. Heiraten kann man auf dem Markt allerdings noch nicht.

In dem Hauptort Ærøskøbing werden auf dem Weihnachtsmarkt nicht nur Strickwaren und andere Produkte der Region verkauft, sondern es findet auch eine Koboldparade statt. Die geht sogar über mehrere Tage. Also, warum nicht den Besuch auf dem Weihnachtsmarkt mit einer Heirat verbinden? So hat man direkt ein Geschenk fürs Leben.

Der Weihnachtsmarkt am Tivoli, dem berühmten Vergnügungspark in der dänischen Hauptstadt, ist vermutlich auch der bekannteste des Landes. Und er ist der einzige, der bis Neujahr geöffnet hat. Und selbst wenn man nicht zu den Feiertagen kommt, ein Besuch im Tivoli lohnt sich immer. Mit Kinderaugen betrachtet (und meine eigene Kindersicht ist hier der handfeste Beweis), ist der Tivoli zu Weihnachten ein

Märchenwunderland. Jede Kante, jede Spitze, jede Ecke scheint in goldenem Licht zu erstrahlen, dazwischen flirren rote Herzen scheinbar schwerelos durch die Luft. Weltweit bekannte Attraktionen wie der Eiffelturm oder die Pyramiden schimmern in bläulich geheimnisvollem Licht. Von den Erwachsenen wissen viele, dass der große Hotel-Palast mit seinen geschwungenen Kuppeln dem indischen Taj Mahal nachempfunden ist, aber ich sah darin früher einfach nur ein Märchenschloss, in dem auch die verwegensten Wünsche wahr werden können.

Durch dieses Wunderland fährt man dann mit einer kleinen Eisenbahn, vorbei an dicken Schneemännern mit langen Mohrrüben-Nasen und freundlich winkenden Weihnachtsmännern; denen wir bei der Gelegenheit verzeihen wollen, dass sie eine Konzession an die Touristen aus aller Welt sind und nicht zu 100 Prozent in die dänischen Weihnachtstraditionen passen. Aber das tun die Pagoden mit ihrem goldgelben Licht ja auch nicht. Und obwohl der Andrang vor Weihnachten besonders groß ist, strahlt der Platz eine Ruhe und Geborgenheit aus, die man einfach nicht anders als hyggelig beschreiben kann. Weihnachten ist auf dem Markt am Tivoli die Welt zu Hause – und man fühlt sich zu Hause in der Welt.

Wenn ich mit meinen Kindern heute auf den Weihnachtsmarkt gehe, dann sehe ich in ihren Augen denselben Glanz, den ich damals hatte, und ich hoffe, dieses Strahlen auch bei meinen Urenkeln erleben zu können und dass es auch den Ururenkeln erhalten bleibt.

## AUS DER TANNENBAUM
## VON HANS CHRISTIAN ANDERSEN

Der Baum kam erst wieder zu sich selbst, als er
im Hofe mit andern Bäumen abgeladen wurde und einen Mann
sagen hörte: »Dieser hier ist prächtig! Wir wollen nur den!«

Nun kamen zwei Diener im vollen Staat und trugen
den Tannenbaum in einen großen, schönen Saal. Ringsherum an
den Wänden hingen Bilder, und bei dem großen Kachelofen
standen große chinesische Vasen mit Löwen auf den Deckeln;
da waren Wiegestühle, seidene Sofas, große Tische voll
von Bilderbüchern und Spielzeug für hundertmal hundert Taler;
wenigstens sagten das die Kinder. Der Tannenbaum wurde
in ein großes, mit Sand gefülltes Fass gestellt, aber niemand konnte
sehen, dass es ein Fass war, denn es wurde rundherum mit grünem
Zeug behängt und stand auf einem großen, bunten Teppich.
Oh, wie der Baum bebte! Was würde da doch vorgehen? Sowohl die
Diener als die Fräulein schmückten ihn. An einem Zweig
hängten sie kleine, aus farbigem Papier ausgeschnittene Netze, und
jedes Netz war mit Zuckerwerk gefüllt. Vergoldete Äpfel und
Walnüsse hingen herab, als wären sie festgewachsen, und über hundert rote, blaue und weiße kleine Lichter wurden in den Zweigen
festgesteckt. Puppen, die leibhaft wie die Menschen aussahen – der
Baum hatte früher nie solche gesehen –, schwebten im Grünen,
und hoch oben in der Spitze wurde ein Stern von Flittergold befestigt.
Das war prächtig, ganz außerordentlich prächtig!

»Heute Abend«, sagten alle, »heute Abend wird er strahlen!«

»Oh«, dachte der Baum, »wäre es doch Abend! Würden nur
die Lichter bald angezündet! Und was dann wohl geschieht?
Ob da wohl Bäume aus dem Wald kommen, mich zu sehen?
Ob die Meisen gegen die Fensterscheiben fliegen? Ob ich hier fest-
wachse und Winter und Sommer geschmückt stehen werde?«

Ja, er wusste gut Bescheid; aber er hatte ordentlich Borkenschmerzen
vor lauter Sehnsucht, und Borkenschmerzen sind für einen Baum
ebenso schlimm wie Kopfschmerzen für uns andere.

# HYGGELIGE WEIHNACHTSBOTEN

Weihnachtsschmuck heißt auf Dänisch »julepynt«, und der ist für Hygge natürlich unerlässlich! Und das nicht allein, weil nur mit Kerzen, Keksen und passender Dekoration richtige Weihnachtsstimmung zu Hause ausbrechen kann, sondern auch weil es eine so hyggelige Angelegenheit ist, den Schmuck zu basteln. Denn ja, wir Dänen finden, dass der schönste Weihnachtsschmuck der selbstgemachte ist. Diese Handarbeit heißt dann »juleklip«.

Üblicherweise ist der große Weihnachtsschmücktag der 23. Dezember, aber die Vorbereitungen beginnen schon lange vorher. Neben den in diesem Kapitel erwähnten Dekorationen kommt auch die dänische Nationalflagge, der »Dannebrog« (man kann auch »Danebrog« schreiben, beides ist richtig), zum Einsatz, und zwar sowohl als Einzelfahne als auch als Girlande – die Farben Rot und Weiß passen einfach ganz hervorragend zum Fest.

Unsere innige Beziehung zu unser Nationalflagge hat natürlich auch mit der Zuneigung zum Königshaus zu tun. Schließlich werden wir von der dienstältesten Monarchie der Welt regiert; unsere Herrschaften sind schon über tausend Jahre im Amt. Dabei höre ich öfter: Ihr Dänen seid doch stolz darauf, so ein respektloses Völkchen ohne große Formalitäten und Konventionen zu sein (zum Beispiel wird fast jeder, wie auch du in diesem Buch, geduzt). Warum seid ihr dann so große Fans von euer Monarchie?

Aber auch da muss man unterscheiden. Wir sind gar keine so großen Anhänger von dem Königtum an sich, aber wir mögen *unsere* Monarchie (wobei wir die Königin selbstverständlich nicht duzen). Die Herrscherfamilie ist in Dänemark auch keine so ferne Angelegenheit. Das Land ist nicht groß, es gibt entsprechend nicht besonders viele Dänen – die Wahrscheinlichkeit, dass man irgendwann in seinem Leben einem Mitglied der Herrscherfamilie über den Weg läuft, ist entsprechend größer als in anderen Königreichen. Vielleicht liegt es daran, dass die Königsfamilie einfach zum Land dazugehört, wie eben auch unsere Fahne. Der Dannebrog gehört zu den wenigen Dingen, die wir wirklich ernst nehmen.

Er schmückt nicht nur den Weihnachtsbaum, sondern viele Dänen haben auch einen Fahnenmast im Garten. Darüber hinaus gibt es Kuchen, Servietten, Tischflaggen und -karten – alle mit dem Flaggensymbol. Da es diverse Anlässe (Geburtstage, Hochzeiten etc.) gibt, bei denen die Flagge gehisst oder eben nicht gehisst wird, dient sie auch der Kommunikation unter Nachbarn. Unsere Flagge ist wie die Monarchie schon sehr alt. Sie wird alljährlich am 15. Juni, am Valdemarstag, geehrt. An diesem Tag im Jahre 1219 kämpfte Dänemark in Estland die Schlacht von Reval (heute Tallinn). Vor der Schlacht soll König Waldemar vom Himmel ein Dannebrog vor die Füße gefallen sein, und als er unter diesem Zeichen gewann, lag der Entschluss nahe, gleich die Staatsflagge daraus zu machen. Die anderen Flaggen Skandinaviens sehen zwar so ähnlich aus, aber sie sind – wenn man es genau betrachtet – Variationen über ein Thema.

Dänisches Design ist ja nicht umsonst weltberühmt, aber es gibt auch jede Menge Dänen, die im Alltag mit ihrem Stilempfinden beeindrucken können. Ich denke hier weniger an mich, aber auf meine Schwester Dörte trifft diese Beschreibung zu 100 Prozent zu. Sie hat einen Instinkt für Formen, Farben und Muster, der einfach verblüffend ist. Bei ihren Klamotten kombiniert sie die unmöglichsten Dinge. Dicke Strickjacken mit Zopfmustern und Blümchenkleider mit wild gemusterten Tüchern. Was bei jedem anderen wie die Explosion einer Farbfabrik aussehen würde, hat bei ihr immer mehr als einen Hauch Klasse.

Diese Begabung gestehe ich ihr neidlos zu, doch was mich nervte, war, dass sie ihren ästhetischen Purismus auch auf ihre Umgebung ausdehnte. Wenn wir zusammen in den Urlaub fuhren, dann war es wichtig, dass die Farbe des Ferienhauses, der Anstrich der Wände und die Kissenbezüge harmonieren mussten. Sonst wollte sie nicht mitfahren.

Wir waren mal am Jahresende auf Sizilien, und Dörte ließ sich, da man sich damals über das Netz nicht so einfach ein Bild machen konnte, vom Vermieter Fotos schicken und stellte fest, dass alles zu ihrer Zufriedenheit ist, mit einer Ausnahme: Die Kissenbezüge passten nicht.

Ich betrachtete die Bilder ein ums andere Mal. »Für mich sieht das alles ganz in Ordnung aus«, sagte ich.

»Ja, jetzt. Aber was machst du, wenn der Vulkan ausbricht? Das verändert doch das ganze Licht.«

Ich versuchte, nicht mit den Augen zu rollen. »Der Vesuv ist doch schon seit Jahren nicht mehr aktiv«, meinte ich dann.

»Erstens ist auf Sizilien nicht der Vesuv, sondern der Ätna, und zweitens hat das gar nichts zu bedeuten.« Wie Dörte erklärte, würde sich eine Katze niemals freiwillig auf einen Untergrund setzen, der nicht mit ihrer Fellfarbe harmoniert, und deshalb könnte man doch von einem Dänen unmöglich verlangen, dass er mit weniger Achtsamkeit durch die Welt geht als ein Stubentiger.

Am Ende reisten wir nach Sizilien mit mehreren Sätzen kobaltblauer Bezüge, die laut Dörte auch mit der glühendsten Lava noch auf das angenehmste harmonieren würden. Denn das war wichtig, schließlich wollten wir auch auf Sizilien ein hyggeliges Weihnachten feiern.

Und nun kommt die eigentliche Pointe der Geschichte. Natürlich brach während unseres Besuchs, der Ves... – der Ätna nicht aus, aber es gab ein heftiges Unwetter. Wir saßen gerade in unserem Ferienhaus im Kerzenlicht am Küchentisch, als irgendwo ein Blitz einschlug und für ein paar Stunden die Stromversorgung der Ferienhütte lahmlegte. Nun war das schummrige Kerzenlicht keine freiwillige Entscheidung mehr, aber die Stimmung blieb unverändert gelassen, denn die kobaltblauen Bezüge waren in ihrem Farbton nicht nur – wenn ich mal ein deutsches Wort kreieren darf – vulkankompatibel, sondern sie harmonierten auch mit den am Horizont immer wieder aufzuckenden Blitzen. So musste auch dieses Weihnachtsfest in Sachen Hyggeligkeit hinter keinem anderen zurückstehen. Seitdem halte ich den Mund, wenn meine Schwester ihre Design-Vorstellungen artikuliert.

Doch zurück zu julepynt und juleklip. Die sind auch deshalb eine so feste Tradition, weil damit schon in der Grundschule begonnen wird. Wenn es Zeit für den Weihnachtsschmuck wird, gibt an den sogenannten »Schnipsel- und Klebetagen« keinen Unterricht, dafür werden raue Mengen Buntpapier, Scheren und Leim ausgegeben. Während der Bastelarbeit tragen viele Kinder schon Koboldmützen (dazu später mehr).

In Großaktionen werden so Herzen geflochten, Papiergirlanden geklebt und Weihnachtsbaumsterne gefaltet. Wenn mehrere Klassen dasselbe Projekt verfolgen, kommt es früher oder später zu einer Wettbewerbssituation, und Sieger ist am Ende die Klasse, welche die längste Girlande, die meisten Herzen oder dergleichen präsentieren kann. Dem girlandenmäßigen Größenwahn sind dabei keine Grenzen gesetzt. Es kann schon mal passieren, dass die Papierkette so lang ist, dass sie um das ganze Schulhaus herumreicht. Und dass dies nicht alle Lehrer witzig finden (wenn die Schüler es nach Schulschluss machen und dabei zufällig auch noch Türen und Fenster verhängen), musste ich vor einiger Zeit erfahren, als mich die Klassenlehrerin meiner Tochter zu einem Gespräch bat.

»Aber wir waren doch auch mal jung und haben uns vom Zauber der Weihnachtszeit mitreißen lassen«, verteidigte ich meine Tochter.

»Du vielleicht, Arne«, entgegnete die Lehrerin (wie erwähnt, in Dänemark wird bis auf die Königin so gut wie jeder geduzt). Und ich dachte mir: Wenn das ein Kompliment war, dann war das sehr gut verpackt.

Der bekannteste dänische Weihnachtsbaumschmuck aus Papier (manchmal auch aus Stoff oder Filz) sind vermutlich die »flette hjerter«, die geflochtenen Herzen. Sie kommen nicht nur an Weihnachten zum Zuge, sondern können das ganze Jahr hindurch gebastelt werden. Sollten sie aber speziell für das Weihnachtsfest gefertigt werden, dann werden sie auch »julehjerter« genannt.

Die geflochten Herzen sind nicht nur selbst berühmt, sondern sie haben auch einen berühmten Erfinder – und da der selbst mit einem gebrochenen Herzen zu ringen hatte, wundert es wohl niemanden, dass Hans Christian Andersen zumindest Papierherzen wieder zusammensetzen wollte.

Ursprünglich wurden die julehjerter aus Papier- oder Stoffresten hergestellt, aber heute gibt es sogar spezielle Bastelbögen dafür. Dabei ist es genauso gut möglich, so ein Herz einfach selbst zu basteln.

Ein julehjerter ist umso schwerer zu flechten, je mehr Streifen in die Hälften geschnitten werden. Bei unserem Beispiel gehen wir von schlichten drei Streifen (also zwei Schnitten) aus, aber dem Wagemutigen sind hier keine Grenzen gesetzt. Man kann in die Vorlage so viel Streifen schneiden wie man will, außerdem müssen die Schnittlinien nicht gerade sein; gezackt, gewellt, alles ist möglich. Aber wie gesagt, das wird dann eine mächtige Fummelei.

Damit die julehjerter richtig schön aussehen, sollten die beiden Papierblätter unterschiedliche Farben haben. Da Rot und Weiß nun mal die dänischen Nationalfarben sind, ist diese Kombination in Dänemark weit verbreitet, außerdem passen sie gut zu Weihnachten. Aber grundsätzlich kannst du alle Farben nehmen, die du willst.

Man nimmt also zwei Blatt Papier und faltet sie genau in der Mitte.

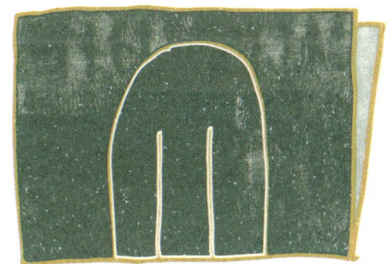

Auf der Seite, wo die Blätter »den Mund aufmachen«, einen großen Halbkreis zeichnen.

Dann das zusammengefaltete Blatt der Linie entlang ausschneiden. Die beiden Blätter sehen jetzt wie Zungen aus, die man aufklappen kann.

Von der geraden Kante nun zwei Linien, die die Blattoberfläche in drei gleich große Streifen teilen, ziehen. Die Linien gehen etwa zwei Drittel über die Blattoberfläche.

Diese Linien einschneiden.

Und jetzt kommt die Fummelarbeit:

Wenn man die beiden Zungen nebeneinanderlegt – das runde Ende nach unten, die gerade Kante nach oben –, sollte man die drei Streifen beider Zungen beschriften, um im Folgenden nicht durcheinanderzukommen.

Die drei Streifen der linken Zunge werden von links nach rechts mit C, B und A beschriftet (also rückwärts). Die drei Streifen der rechten Zunge mit 1, 2 und 3 (also in der richtigen Reihenfolge). Es gibt auch Leute, die statt der Buchstaben römische Zahlen benutzen, aber das ist dir am Ende freigestellt, du kannst, wenn es dir lieber ist, auch Emojis benutzen, obwohl ich da nicht weiß, wie man Emojis vorwärts oder rückwärts anordnet.

Dann muss ich leider zugeben, dass ich vorhin gelogen habe. Das war erst die Vorbereitung. Die richtige Fummelarbeit beginnt jetzt.

Finger 1 (rechte Zunge) wird durch Finger A (linke Zunge) geführt.

Dann Finger B (Mittelfinger, linke Zunge) *durch* Finger 1 (rechte Zunge), und dann Finger 1 (rechte Zunge) durch Finger C (rechte Zunge).

Nun ist der erste Streifen geflochten.

Diesen Streifen ganz nach unten schieben und mit dem nächsten weitermachen.

Finger A (linke Zunge) durch Finger 2 (rechte Zunge).

Dann: Finger 2 durch Finger B.

Und nun Finger C durch Finger 2.

Alles nach unten schieben, durchatmen. Zwei Drittel der Flechtarbeit sind geschafft.

Beim dritten und letzten Finger müsste es einfach werden, denn hier muss das Drüber-Drunter-Drüber genau gegensätzlich zum Finger 2 ablaufen.

Wenn du jetzt alle Streifen vorsichtig nach unten schiebst, hast du ein Herz. Vermutlich ist es eine gute Idee, die Seite mit den Zahlen als

Rückseite zu benutzen. Wenn das geflochtene Herz im Baum hängen soll: Vorsichtig radieren oder so lange üben, bis man die Zahlen/Buchstaben nicht mehr braucht.

Früher wurde oben in die Kerbe des Herzens Süßigkeiten oder andere Leckereien gesteckt. Deshalb hört man heute noch in manchen Weihnachtsliedern, dass Dänen aus dem Weihnachtsbaum essen. Heute wird allerdings meist eine Art Stiel in die Kerbe geklebt, und damit ist das geflochtene Herz als Schmuck fertig und kann aufgehängt werden.

Weihnachtskugeln sind an dänischen Christbäumen eher selten (vermutlich, weil man die so schlecht selbst basteln kann), dafür werden sie gern mit »kræmmerhuse« behängt. Das Wort bedeutet Kaufmannstüte und sieht aus wie eine kleine Schultüte, ungefähr so groß wie eine Eiswaffel. Für die kræmmerhuser wird aus Gründen der Festlichkeit gern Gold- und Silberpapier verwendet. Wer als Kind mal einen Drachen oder einen Papierflieger gefaltet hat, der kriegt auch eine kræmmerhuse gebaut.

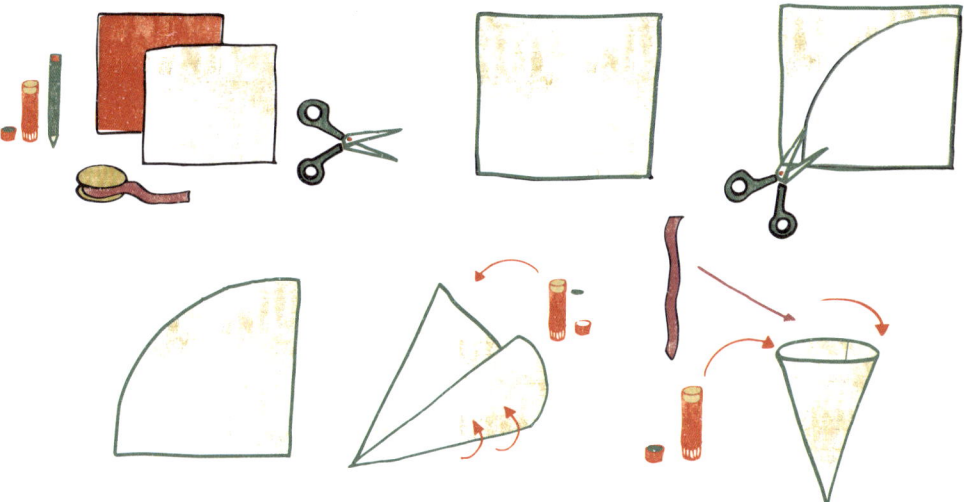

In vielen dänischen Haushalten sind auch holmegaards, Weihnachtsflaschen, fester Bestandteil der Dekoration. Das Holmegaards Glasværk wurde schon im 19. Jahrhundert gegründet, aber in der Anfangszeit war es einfach ein Unternehmen, das Bierflaschen und später auch Gläser für den Haushalt herstellte. Dem Wirken von Designern – Jacob E. Band und Per Lütken – ist es zu verdanken, dass Holmegaard schließlich stilbildend wirkte. Die Weihnachtsflaschen sind heute Kult und heiß begehrte Sammlerobjekte. Die Flaschen sind viereckig, oben rund, und der Kronkorken auf dem Flaschenhals trägt einen kleinen Messinghut, aber entscheidend – zumindest aus Sammlersicht – ist, was auf das Glas des Flaschenbauches aufgemalt ist. Im Prinzip findet man hier von feiner Hand gezeichnet alles wieder, was die dänische Vorweihnachtszeit ausmacht. In einem Jahr kann man einem Kind beim Basteln über die Schulter sehen, im nächsten Jahr zeigt die Flasche kræmmerhuse in einem Fenster, dann vielleicht wieder einen Weihnachtsbaum, ganz in Grün, Silber und Gold.

Aber nicht alle dänischen Traditionen in Sachen Weihnachtsdekoration werden bewahrt, einige scheinen auch langsam zurückzugehen. Zu diesen gehört der »julebuk«.

Das Wort julebuk kann man vielleicht am besten mit Sündenbock übersetzten. Er besteht aus Strohbündeln, die mit rotem Stoffband zusammengehalten werden, und wenn man den julebuk noch sieht, dann meistens im Garten.

Ursprünglich sollte der Strohbock das Böse in der Welt verkörpern, also böse Geiser, Unglück oder auch die Hölle. In der nordischen Mythologie kommt es allerdings gar nicht so selten vor, dass gerade die Bösen respektiert werden, und so wird der julebuk nicht, wie zum Beispiel der Nubbel nach dem Kölner Karneval, verbrannt, sondern von seinen Besitzern verehrt und sogar gefüttert. Für ein Wesen, das im Wesentlichen nur Stroh im Kopf hat, ist das keine schlechte Karriere.

Apropos Karriere: Bevor der Weihnachtsmann (julemanden) sich als Geschenke-Überbringer etabliert hatte, musste in früheren Zeiten der julebuk diesen Job übernehmen. Doch da der im Kern eben böse war, brachte er nicht nur Geschenke, sondern spielte seinen Gastgebern auch Streiche.

Aber zuvor müssen die Tage bis zum großen Fest überbrückt werden. In Dänemark werden wie in Deutschland auch heute noch viele Adventskalender für Kinder von ihren Eltern selbst gemacht, was zu ganz witzigen Designs führen kann.

Den Kindern wird auch nicht erzählt, dass der Kalender vom Weihnachtsmann befüllt wird, sondern dafür sind die – zur Weihnachtszeit ziemlich allgegenwärtigen – Nisser, die Weihnachtswichtel oder -kobolde, zuständig.

Nisser haben auch in den Schulen ihren Platz. So gibt es »drillennisser« (Hänselkobolde), die nicht richtig böse sind, aber den Legenden nach dennoch mächtig viel Blödsinn im Kopf haben. Das ganze Jahr über haben sie in irgendwelchen Schreibtischen und Schubladen Ruhe, aber im Dezember werden sie rausgelassen. Und jeden Tag – bis zu Weihnachten – erhält ein Kind die zweifelhafte Ehre, die Hänselkobolde mit nach Hause nehmen zu dürfen. Es kommt auch vor, dass sie im Klassenzimmer oder anderswo in der Schule ein ganz schönes Chaos anrichten. Da bleibt den Schülern dann nichts anderes übrig, als beherzt wieder aufzuräumen. Und die Lehrer und die anderen Erwachsenen – die ja wissen, wer wirklich für die Unordnung gesorgt hat – erleben zur Abwechslung mal eine verkehrte Welt. Während sie sonst meist den Schülern alles hinterherräumen müssen, wird hier der Spieß einmal umgedreht.

Doch damit ist das Wirken der Kobolde in der Schule noch nicht vorbei. »Nisse venner« heißt wörtlich übersetzt Kobold-Freunde. Dabei handelt sich um eine Version des Wichtelns (in Dänemark »julklapp« genannt), die vorwiegend an Grundschulen gespielt wird, aber manchmal auch noch von Erwachsenen praktiziert wird. Wie beim Wichteln geht es darum, dass man von Unbekannten beschenkt wird, allerdings besteht die Hauptaufgabe nicht darin, sich über das Geschenk zu freuen oder zu ärgern, sondern herauszufinden, wer der Schenkende war. Der Geschenkespender muss sich nicht allein auf Gaben beschränken, er kann der anderen Person auch einfach nur einen Streich spielen. Nach Ablauf einer gewissen Frist, zum Beispiel zum nächsten Advent, muss der Beschenkte raten, wer ihn beglückt oder – im Falle eines Falles – geärgert hat. Bleibt der Schenkende unerkannt, dann kann er sich auf seine koboldhafte Verschlagenheit etwas einbilden.

Wenn man sich nun vergegenwärtigt, wie groß die Rolle der Kobolde in der Kindheit vieler Dänen ist, dann ist es nicht verwunderlich, dass auch viele Erwachsene zu Weihnachten noch »nissehue« tragen. Die Koboldmützen sehen aus wie die vom Weihnachtsmann, aber sie wurden eben ursprünglich von Kobolden getragen, die in der dänischen Weihnachtsmythologie schon viel länger einen angestammten Platz haben als all die Weihnachtsmänner später.

Ursprünglich war der »julenisse«, also der Weihnachtskobold oder auch -wichtel, mit der Aufgabe betraut, sich um die Gesundheit der Tiere in Haus und Hof zu kümmern. Wie es sich für einen Kobold gehört, war er launisch und verfressen. Deshalb musste er mit »risengrød« (wörtlich übersetzt Reisbrei, aber eigentlich vergleichbar mit dem deutschen Grießbrei) gnädig gestimmt werden. Traditionell schmückt eine Portion risengrød ein Stück Butter, bestreut wird das Ganze mit Zucker und Zimt.

Man kann sich vorstellen, wie luxuriös und wohlschmeckend diese Speise in Zeiten war, als das Leben der Menschen noch härter war, es kein fließendes Wasser gab, keinen Strom und keine Heizung. Und auch heute ist risengrød für viele Dänen eine Art prägende Erfahrung, der erste Moment, in dem sie sich Hygge, in diesem Fall julehygge, auf der Zunge zergehen lassen.

Kein Wunder, dass sich risengrød in der Vorweihnachtszeit auch heute noch großer Beliebtheit erfreut. Die Kinder werden dazu angehalten, ihre Schüssel nicht völlig leerzuessen, sondern einen Teil für den Julenisse aufzubewahren und ihn auf den Dachboden zu bringen.

Auch ich habe das als Kind getan. Mit dem noch warmen Schälchen in den Händen und einem klopfenden Herzen in der Brust bin ich die immer leicht knarrenden Stufen zum Dachboden hinaufgestiegen. Ich war aufgeregt. Was, wenn der Nisse mich sieht? Was, wenn ich ihn sehe und er mich nicht? Einerseits war ich froh, unbeschadet die Treppen wieder hinunterzukommen, aber andererseits: Es wäre schon aufregend – und schön gruselig – gewesen, wenn ich dem Hüter des Hauses einmal ins Antlitz hätte sehen können.

Am nächsten Morgen stellte ich erfreut fest, dass die Schüssel beinahe blitzblank leergegessen war. Am Anfang war ich noch sehr stolz darauf, dass ich mit meiner Umsicht dazu beitrug, den Nisse bei Laune und die Tiere im Haus bei Gesundheit zu halten. Allerdings schwand mit der Zeit mein Glaube an den julenisse. Eher hatte ich meinen Großvater in Verdacht. Ich vermutete stark, dass er sich so eine Extraportion Brei sicherte. Trotz großer Bemühungen ertappte ich ihn aber nie in flagranti – darum, wer weiß, vielleicht war es doch der Nisse.

## AUS *ZWÖLF MIT DER POST* VON HANS CHRISTIAN ANDERSEN

Endlich kam der letzte Reisende zum Vorschein,
das alte Mütterchen Dezember mit der Feuerkiepe; die Alte fror,
aber ihre Augen strahlten wie zwei helle Sterne.
Sie trug einen Blumentopf auf dem Arme, in dem ein kleiner
Tannenbaum eingepflanzt war. »Den Baum will ich hegen und pflegen,
damit er gedeihe und groß werde bis zum Weihnachtsabende,
vom Fußboden bis an die Decke reiche und emporschieße
mit flammenden Lichtern, goldenen Äpfeln und ausgeschnittenen
Figürchen. Die Feuerkiepe wärmt wie ein Ofen; ich hole
das Märchenbuch aus der Tasche und lese laut aus ihm vor, dass alle
Kinder im Zimmer still, die Figürchen an dem Baume aber lebendig
werden, und der kleine Engel von Wachs auf der äußersten Spitze
die Flittergoldflügel ausbreitet, herabfliegt vom grünen Sitze und klein
und groß im Zimmer küsst, ja, auch die armen Kinder küsst,
die draußen auf dem Flure und auf der Straße stehen und das
Weihnachtslied vom Bethlehemgestirne singen.«

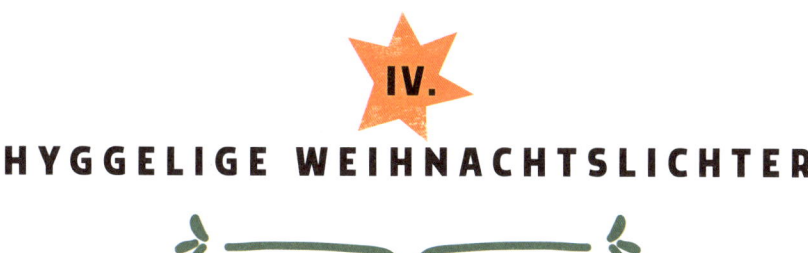

# HYGGELIGE WEIHNACHTSLICHTER

Aus dem auch in Deutschland sehr bekannten Buch *Der kleine Prinz* des französischen Schriftstellers Antoine Saint-Exupéry stammt das Zitat: »Man sieht nur mit dem Herzen gut.« Wäre Saint-Exupéry Däne gewesen, hätte er vermutlich geschrieben: »Man sieht nur mit den Kerzen gut«. Denn Kerzen, beziehungsweise deren Licht, sind so etwas wie der Grundbaustein von Hygge. Im Dänischen kann man zur Kerze »stearinlys« sagen, was wörtlich übersetzt einfach »Stearinlicht« heißt, aber es gibt auch noch die Wendung »levende lys«, also »lebendiges Licht«, und damit ist man vom »Lebenslicht« der Märchen nicht mehr so entfernt, und das klingt schon richtig poetisch.

Nun gibt es Kerzen natürlich nicht nur im hyggeligen Dänemark, doch wir haben es schon zu einer besonderen Vielfalt ihrer Darreichungsform gebracht. Es gibt Kerzen in fast allen Formen, Farben und Größen, zum Aufstellen, Hängen und Schwimmen, in Holzarrangements und in Sturmlichtern, in Keramikbehältern und Gläsern oder mit Duftnoten von Apfel bis Zitrone. Den Möglichkeiten der dahinschmelzenden Beleuchtung sind also keine Grenzen gesetzt, solange man dabei den Kern von Hygge im Allgemeinen und von Julehygge im Besonderen nicht aus den Augen verliert: Denn die Beleuchtung muss immer noch zum Wohlfühlen und zur Gemütlichkeit beitragen. Wenn es im Wohnzimmer nachher so aussieht wie in einem übermäßig designten Schaufenster oder in einer perfekten, aber unpersönlichen Musterwohnung, dann ist das Thema verfehlt.

Eine Besonderheit in Sachen Hygge und Weihnachten ist die Adventskerze, auf Dänisch »kalenders«. Diese ist in regelmäßigen Abständen eingekerbt – da es um Weihnachten geht, sind es natürlich 24 Kerben –, sodass man mit ihr bis Heiligabend Countdown spielen kann.

In Dänemark kamen die ersten Weihnachtskalenderkerzen in den 1920er Jahren auf, seit den 1940er Jahren werden sie industriell produziert und verbreitet. Inzwischen gibt diese Adventskerzen in vielen Formen und vor allem Dicken, was insofern interessant ist, weil damit auch ein Statement gemacht wird, wie viel Premium-Hygge-Zeit man denn im Dezember mit den Lieben verbringen will. Eine sehr dicke Kerze muss schon mehrere Stunden brennen, bevor der Tagesabschnitt runtergebrannt ist. Und wer Kinder hat, weiß, dass sie sich gern unaufgefordert um den Job des Kerzenwartes bemühen. Das heißt, sie achten ganz genau darauf, dass die Kerze auch wirklich jeden Tag angezündet wird (was sie am liebsten selbst übernehmen). Daran muss man sich unter Umständen erst mal gewöhnen und den neu eingeforderten Platz im stressigen Alltag irgendwie unterbringen. Doch gerade diese Stunden des Zusammenseins, am besten natürlich versüßt mit Kaffee und Keksen, schaffen die Grundlage der hyggeligen Weihnachtsstimmung. Schließlich geht es um die gemeinsame Zeit beim Fest der Liebe.

Der bekannteste Hygge-Botschafter ist vermutlich immer noch Meik Wiking, der in Kopenhagen sein Glücksforschungsinstitut betreibt und auf weltweiten Vortragsreisen von seinen Erkenntnissen berichtet. Die Kerzenindustrie dürfte ihm dankbar sein, weil er auch außerhalb Dänemarks für einen zusätzlichen Schwung der Branche sorgt. Er verbreitete die Beobachtung, dass jeder Däne jährlich pro Kopf sechs Kilo Kerzenwachs verbraucht. Das ist sogar noch mehr, als Schweinefleisch vertilgt wird. (Laut Meik ist der Schinkenindikator eine weitere wichtige Kennziffer, wenn es darum geht, die Glücksrate der Dänen zu erfassen.)

Aber all die Kerzen sind noch nicht genug – der heiße Traum eines jeden Dänen ist natürlich ein Kamin, um sich noch mehr offenes Feuer in die Wohnung zu holen. Diesen Wunsch haben sich schon viele meiner Landsleute erfüllt. Es sind mittlerweile 750 000 offene Feuerstellen registriert, und das sind, wenn man bedenkt, dass Dänemark nicht mal sechs Millionen Einwohner hat, Verhältnisse, wie man sie sonst nur aus Gesellschaften ohne elektronische Heizmöglichkeiten kennt.

Diese Hingabe an die Flamme ist allerdings nicht ganz ohne Nachteil: Die dänische Behörde für Umweltschutz hat eine Studie in Auftrag geben, der zufolge die vielen dänischen Kamine eine Gesundheitsgefährdung für ihre Eigner darstellen und darüber hinaus eine enorme Umweltbelastung bilden. In Kopenhagen allein gibt es 16 000 Kamine, die der Studie zufolge für genauso große Luftverschmutzung sorgen wie das Verkehrsaufkommen der Stadt. Auf das ganze Land hochgerechnet, sollen die Kamine für 65 Prozent aller Schadstoffemissionen verantwortlich sein. Während sich Politiker und andere Interessenverbände vor allem auf den Dieselmotor stürzen, übersehen sie dabei, dass offenes Feuer – zumindest im gegenwärtigen Ausmaß – auch nicht gerade gesundheitsfördernd ist.

So zeigt sich am Ende mal wieder, dass auch hier die weisen Worte vom guten alten Paracelsus gelten: Jede Sache ist ein Gift, allein die

Dosis entscheidet darüber, ob sie giftig wirkt oder nicht. Auf Hygge und Julehygge heruntergebrochen heißt das: Wer maßvoll mit Kerzenlicht und auch wohl dosiertem Kaminfeuer für Entspannung und Lebensqualität sorgt, tut sich etwas Gutes. Wer hingegen seine Bude in eine Räucherhöhle verwandelt, wo man als Besitzer nur noch Köhlerfamilien vermuten kann, der übertreibt und schneidet sich am Ende ins eigene Fleisch.

Eine andere leuchtende Angelegenheit, und diesmal ohne schädigende Nebenwirkungen, ist das Luciafest, das nicht nur in Schweden, sondern auch in Dänemark gefeiert wird. Der Hintergrund dieser Tradition ist eine christliche Märtyrergeschichte, die mit ihren bittersüßen Momenten durchaus aus der Feder von Hans Christian Andersen stammen könnte.

Der Legende nach war Lucia eine junge, bildschöne Sizilianerin aus vornehmem Hause. Sie lebte circa 300 nach Christus, also kurz vor der Zeit, zu der Kaiser Konstantin auf dem Totenbett zum Christentum konvertierte, es zur Staatsreligion machte und damit viele Leute, die bislang im Verborgenen lebten, aufatmen ließ. Zu Lucias Teenagerzeiten war Christsein jedoch noch eine Sache, die man besser für sich behielt.

Dann erkrankte Lucias Mutter, und zwar so schwer, dass selbst die besten Ärzte, die man für Geld finden konnte, keine Hoffnung mehr sahen. Aber Lucia wollte ihre Mutter nicht verlieren, und so machte sie das, was viele Menschen tun, wenn sie ein Schicksalsschlag trifft. Sie versuchte mit Gott zu handeln.

»Wenn du meine Mutter wieder gesund machst«, betete sie, »dann werde ich Jungfrau bleiben und dir bis ans Ende meiner Tage dienen.« Außerdem versprach sie, ihren Besitz unter den Armen der Stadt zu verteilen. Das Opfer, das Lucia anbot, war in der Tat groß. Denn nicht nur war ihr Besitz außerordentlich, nein, sie stand auch kurz vor Hochzeit mit einem absolut standesgemäßen Gatten.

Das Wunder geschah: Lucias Mutter genas.

Und Lucia hielt ihr Versprechen. Sie verschenkte ihr Vermögen, verweigerte sich der Ehe und stieg regelmäßig in die Katakomben der Stadt Syrakus hinab, um die verfolgten Christen zu versorgen, die sich dort versteckt hielten. Weil das besser geht, wenn man die Hände frei hat, trug unsere Heldin hierbei einen Kerzenkranz auf dem Kopf, der zu ihrem Markenzeichen wurde.

Aber nicht alle waren mit der Entscheidung Lucias glücklich. Und am unglücklichsten war Lucias Verlobter, der sich einen Dreck darum kümmerte, dass es in den Katakomben nun auch wieder so etwas wie Freude und Hoffnung gab. Ob es enttäuschte Liebe oder gekränkte Eitelkeit war oder ob er sich Hoffnung auf Lucias Vermögen gemacht hatte, ist nicht bekannt, auf jeden Fall ging er in seiner Wut zu den Römern und denunzierte seine Exbraut. »Sie ist Christin«, sagte er und besiegelte damit ihr Schicksal als Märtyrerin.

Das Gericht verurteilte sie zum Tod auf dem Scheiterhaufen. Doch immer noch hielt Gott seine schützende Hand über sie. Obwohl die Schergen extra brennbare Stoffe unter das Holz gemischt hatten, konnten die Flammen Lucia nichts anhaben. Erst als ihr der Scharfrichter sein Schwert durch den Hals stieß, fand ihr hochherziges irdisches Leben ein Ende.

Nun könnte es irritieren, dass die Verehrung der sizilianischen Lucia ausgerechnet in Skandinavien so beliebt ist. Wahrscheinlich hat es mit der Dunkelheit in den langen Wintermonaten zu tun, die »die Leuchtende« ein wenig aufhellt, und vielleicht ist die Legende durch die Normannen, die es damals bis nach Sizilien geschafft hatten, zurück in den Norden gekommen.

Auf jeden Fall begehen wir seit gefühlten Ewigkeiten das Luciafest am 13. Dezember. Das Datum ist eigentlich ein Missverständnis, denn im gregorianischen Kalender war der 13. der kürzeste Tag des Jahres, also das, was heute der 21. ist. Um Lucia zu Ehren, ziehen heute an diesem Feiertag junge Mädchen mit einem Lichterkranz im Haar durch die Straßen, begleitet von älteren Zofen, die ihnen mit brennenden Kerzen in den Händen den Weg weisen.

Aus deutscher Perspektive könnte man vermuten, dass die Kinder in Dänemark nicht besonders gut auf Lucia zu sprechen ist. Denn alle heiligen und guten Taten hin oder her, dass der »Sankta Lucia dag« auf den 13. Dezember fällt, hat die Konsequenz, dass es in Dänemark keinen Nikolaus gibt. Die Sitte, in der Hoffnung auf Geschenke Schuhe vor die Tür zu stellen, ist fast völlig unbekannt, außerdem würde das nur die ewig auf Grießbrei hoffenden Nisser anlocken.

Aber das Gegenteil ist der Fall, weil das Luciafest nicht nur für die Teilnehmerinnen, sondern auch für die Betrachter ein beeindruckendes Erlebnis ist. Das hat nicht zwangsläufig mit tiefer Religiosität zu tun, es ist eher der Tenor: Schönes Licht, schummrige Stimmung, weiße Kleider – Kerzenlicht sticht Konsum. Hygge eben.

Im Kindergarten, in der Schule und manchmal sogar noch unter Erwachsenen ist es üblich, sich ganz in Weiß zu kleiden und den Weg der Lucia zu gehen. In der Regel hat das größte Mädchen der Klasse die Ehre, die Lucia darzustellen. Das heißt, sie geht mit einem mit vier Kerzen besetzten Lichterkranz auf dem Kopf voran, während ihr Gefolge jeweils nur eine Kerze in der Hand tragen darf. Beim gemessenen Voranschreiten wird das Lucialied gesungen, welches sich von den sonstigen dänischen Weihnachtsliedern auch dadurch unterscheidet, dass es eher ruhig und traurig ist. Aber auch sehr schön.

Nun gibt es wohl kaum jemand, der mich als Poeten bezeichnen würde, aber ich versuche mich mal an einer Übersetzung des Textes. Man muss sich aber vorstellen, dass absolute Dunkelheit herrscht, bevor das Lied beginnt. Dann ertönt der erste Ton, ganz hell und klar, und bald erkennt man die ersten Silhouetten der Mädchen. Nach und nach wird das Dunkel, erst ein wenig, dann stetig mehr, von dem Licht der Kerzen erhellt. Da kann einem vor lauter Hyggeligkeit schon ein Schauer über den Rücken laufen.

## SANTA LUCIA

*Nun wird das Licht hinfort getragen*
*Stolz in unserer Krone*
*Überall in Haus und Hof*
*soll das Lied ertönen*
*wenn es nun am Lucia-Tag*
*die Gesellschaft unserer Freunde grüßt.*
*Santa Lucia, Santa Lucia*

*Hier auf unserem Fest der Wünsche*
*soll das Lied erklingen*
*Geschenke für jeden Gast*
*bringst du uns mit Freude*
*Erquicke uns aus dem Brunnen des Glücks*
*Bis an das Lebensende*
*Santa Lucia, Santa Lucia*

## AUS *DIE SCHNEEKÖNIGIN* *VON HANS CHRISTIAN ANDERSEN*

Seine Spiele wurden nun ganz anders als früher, sie wurden ganz verständig. An einem Wintertage, als es schneite, kam er mit einem großen Brennglase, hielt seinen blauen Rockzipfel hinaus und ließ die Schneeflocken darauf fallen.

»Sieh nur das Glas, Gretchen!«, sagte er, und jede Schneeflocke wurde viel größer und sah aus wie eine prächtige Blume oder ein sechseckiger Stern; es war schön anzusehen. »Siehst du, wie künstlich!«, sagte Karl. »Das ist weit hübscher als die wirklichen Blumen, und es ist kein einziger Fehler daran, sie sind ganz regelmäßig, wenn sie nur nicht schmelzen würden.

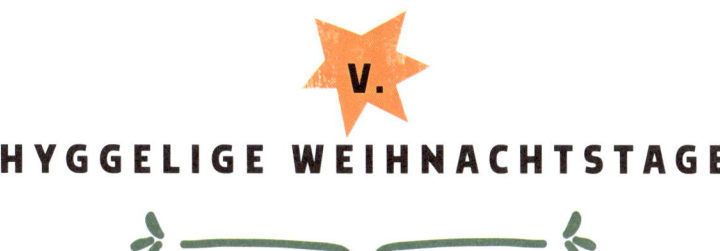

# V.

# HYGGELIGE WEIHNACHTSTAGE

Die Saison der Weihnachtsfeiern beginnt in Dänemark mit einem eher unchristlichen Ereignis. Alljährlich wird am ersten Freitag im November der »j-dag« gefeiert. Das j steht natürlich für jule, aber nicht für Weihnachten allein, sondern für »julebryg« (Weihnachtsbräu) oder »juleøl« (Weihnachtsbier). Ein Brauereikonzern kam 1980 auf die Idee, extra für das Fest ein Weihnachtsbier auf den Markt zu werfen, welches nur für

zehn Wochen erhältlich sein würde. Die Einführung des Produktes wurde mit einer witzigen Werbekampagne begleitet. Der Werbespot war ein origineller Zeichentrickfilm, und am j-dag sind seit dieser Zeit in ganz Kopenhagen Lastkraftwagen unterwegs, die große Plätze mit weißem Schaum (das soll Schnee sein) verschönern. Auch die Polizei ist mit von der Partie und veranstaltet an diesem Tag spezielle Alkoholkontrollen.

Das Weihnachtsbier selbst schmeckt ehrlich gesagt nicht so spektakulär, oft finde ich das Etikett am gelungensten. Und eine kleine Warnung vor dem Genuss: Es hat 5,8 Volumenprozent Alkohol, was nicht so wenig ist. Böse Zungen munkeln, dass für dieses Bier einfach drei andere Sorten zusammengekippt wurden – aber im Sinne des Weihnachtsfests, das ja alle zusammenbringen soll, wäre das irgendwie sogar eine schöne symbolische Geste. Der Ausschank wird übrigens jedes Jahr eine Minute vor neun (20:59 Uhr) gestartet.

Es ist nun nicht so, dass Dänen gemeinhin einen Extratag brauchen, wenn sie mal richtig einen heben wollen, aber auf den Straßen von Kopenhagen – und auch anderen Städten – merkt man bei der Weihnachtsbierpremiere schon, was angesagt ist. Mit anderen Worten: Die deutlich höhere Anzahl Betrunkener fällt schon auf.

Von denen werden nicht wenige am nächsten Morgen einen Kater haben (wie gesagt: 5,8 Prozent), der übrigens auf Dänisch »tømmermænd« heißt. Das bedeutet wörtlich übersetzt: Zimmermann. Insofern kann man hier doch – mit ein wenig Mühe – einen Bogen zum Weihnachtsfest schlagen, denn schließlich wird dort der Geburtstag eines anderen Zimmermanns begangen ...

Der Advent in Dänemark ist dem deutschen nicht unähnlich. Seitdem es die

Adventskränze gibt, wird auch hier an jedem Sonntag eine zusätzliche Kerze angezündet. Aber wir haben ja noch die Nisser, und die dürfen hier nicht untätig bleiben: An jedem Adventssonntag versorgen sie die Kinder mit einem neuen Geschenk zum Dank für den risengrød, von dem sie so großzügig abgeben.

Bevor es an Heiligabend so richtig losgeht, findet am 23. Dezember der »lille juleaften« (also der kleine Weihnachtsabend) statt. Da die meisten Dänen ihren Baum einen Tag vor dem Fest schmücken, kann man den lille juleaften als eine Mischung aus Generalprobe und Aufbaupause betrachten. Auf jeden Fall kommt hier die Familie schon mal wunderbar hyggelig zusammen.

Und dann ist endlich Heiligabend da und mit ihm der »julefrokost«. Für deutsche Ohren klingt julefrokost irreführend. Das Ereignis hat nichts mit Frühstück zu tun – und auch nichts mit dem Bofrost-Mann. Julefrokost heißt übersetzt Weihnachtsmittagessen, wobei die Verwirrung noch größer wird, wenn man weiß, dass das Abendbrot »middag« heißt. Man könnte aber auch einfach Weihnachtsbrunch sagen. Zumindest wenn julefrokost im familiären Rahmen stattfindet.

Unter Familien und Freunden beginnt julefrokost am Vormittag von Heiligabend. Dazu gibt es viele kalte Gerichte und einige warme. Die

Kunst besteht darin, sich beim Essen – und Trinken – so zurückzuhalten, dass man bei der letzten Runde noch dabei ist.

Ursprünglich begann julefrokost in den 1940er Jahren als Weihnachtsessen in den Betrieben. Dann wurde die Festivität von den Familien gekapert, seine derzeitige Berühmtheit – oder man kann auch sagen: leichte Berüchtigkeit – verdankt julefrokost aber den Betriebsweihnachtsfeiern, die in der Regel am letzten Arbeitstag veranstaltet werden.

Beim familiären Weihnachtsbrunch wird aber nicht nur gegessen und getrunken, sondern auch gespielt. Ein Spiel, in dem es naheliegenderweise um Geschenke geht, heißt »pakkeleg« (etwa: »Packelej« ausgesprochen). Es geht so:

Wer mitspielen will, muss ein paar Geschenke – nichts Besonderes, beziehungsweise eher etwas besonders Lustiges oder gar Hässliches aus dem eigenen Hausstand, das man gern loswerden möchte – mitbringen und auf der Mitte des Tisches platzieren.

Dann wird gewürfelt. In der ersten Runde, darf sich jeder, der eine Sechs würfelt, ein Geschenk nehmen. Das geht so lange, bis alle Geschenke von der Mitte des Tisches verteilt worden sind.

Die nächste Runde startet einer der Spieler mit einem Timer, allerdings wissen die anderen nicht, welche Zeit eingestellt worden ist. In der Regel ist etwa eine Viertelstunde üblich. Sobald die Zeit läuft, beginnt die zweite Runde der Würfelei. Wer nun eine Sechs bekommt, darf jemand anderem sein Geschenk wegnehmen. Ist die Zeit abgelaufen, ist das Spiel vorbei, und jeder darf die Geschenke, die vor ihm liegen, behalten – und öffnen.

Es gibt in manchen Kreisen noch eine dritte Runde, in der man zwar Geschenke stehlen darf, aber nicht das letzte, das der andere Spieler erworben hat, und wieder andere sagen, dass man nicht auf die nächste Runde warten muss, um ein Geschenk zu »stehlen«. Für diese Aktion muss man eine Drei würfeln. Die genauen Regeln stimmt jede Gesellschaft vor dem Spiel miteinander ab.

Die Grundidee von »pakkeleg« beruht auf zwei Säulen. 1.) Wie werde ich Weihnachtsgeschenke los, die mir sowieso nicht gefallen haben? Und 2.) wie lässt sich die besinnliche Weihnachtszeit ein wenig auflockern?

Neben Spielen ist natürlich auch das Essen ein großer Faktor für Geselligkeit. Dass Brei in verschiedenen Formen im Umfeld der dänischen Weihnachten eine Rolle spielt, haben wir schon gesehen. »Risalamande« (Mandelreis) ist gewissermaßen die veredelte Version des Grießbreis, und ihm kommt am Heiligabend eine ganz besondere Funktion zu. Ein Rezept findest du am Ende dieses Kapitels.

Der Mandelreis wurde im 19. Jahrhundert vom dänischen Bürgertum erfunden, und der etwas hochtrabende, französisch anmutende Name (riz à l'amande) lässt vermuten, dass man sich damit etwas über das

gemeine Volk erheben wollte. Aber wichtig beim Mandelreis ist nicht so sehr die Speise selbst (obwohl er natürlich gut schmecken sollte), sondern das Ritual, das mit dem Mandelreis verbunden ist.

Denn der Clou beim risalamande besteht darin, dass in der Schüssel eine ganze Mandel versteckt ist (nur eine, die anderen kommen geraspelt herein), und auf den, in dessen Portionen sie landet, wartet ein Geschenk. Es gilt deswegen als schlechter Stil, beim Portionen-Aufhäufeln verstohlen nach der Mandel zu stochern. Aber wer sie dann auf dem Teller oder im Mund hat, der darf sich sehr wohl lautstark bemerkbar machen.

Das ist natürlich besonders für Kinder eine spannende Angelegenheit. Ich kann mich noch gut daran erinnern, dass vor einigen Jahren ein gewisses Kind vor Begeisterung fast vom Stuhl sprang, als es in seiner Portion besagte ganze Mandel fand. Allerdings war jener Junge so aufgeregt, dass er gar nicht bemerkte, wie er die Mandel zerbiss – und runterschluckte. (Es gibt auch Quellen, die behaupten, dass diese Aktion seiner enormen Gefräßigkeit geschuldet war, aber ich denke, gerade in Situationen wie diesen sollte niemand auf meine Schwester hören.) Das war natürlich ein Dilemma. Ohne ganze Mandel würde das begehrte

Geschenk verwaist bleiben, und das wäre doch wirklich sehr schade gewesen. Aber besagtem Jungen kam eine Idee. Er meldete lautstark seinen Mandelanspruch an (was ja nicht gelogen war, er hatte die ganze Mandel ja gefunden, nur lag sie eben schon eine Etage tiefer), und zum Beweis wölbte er mit der Zunge seine Wange aus.

»Feht ihr? If haffe die Mandel. Aber if wif sie nicht faufhofen. Sie ist zu lecker.«

Alle lächelten, und dann bekam ich, worauf ich die ganze Zeit gehofft hatte. Mein besonderes Geschenk, das ich mir durch die Mandel verdient hatte. Die sogenannte »mandelgave«. Mir ist heute klar, dass damals so gut wie jeder am Tisch das Schauspiel durchschaut hatte, aber damals kam ich mir schon sehr gewitzt vor.

Und hier das Rezept für das eigene Mandelsucherlebnis:

## RISALAMANDE

**Zutaten für vier Personen**

**Für den Reis**

3/4 l Milch
100 g Milchreis
1 Vanilleschote
75 g Zucker
1/4 l Sahne
100 g abgezogene, grob gehackte Mandeln
1 *ganze* Mandel (sehr wichtig!)

### Für die Soße

1 Glas Sauerkirschen
2 EL Speisestärke
Zucker nach Belieben

### Zubereitung

**1.** Milch aufkochen, Vanilleschote aufschneiden, Mark herausschaben und gemeinsam mit dem Reis zur Milch geben. Alles eine halbe Stunde mit geschlossenem Deckel köcheln lassen, dabei gelegentlich umrühren.
**2.** Nach 25 Minuten den Deckel abnehmen und Zucker einrühren. Die Milch sollte nun verkocht sein.
**3.** Den Reis abkühlen lassen.
**4.** Die Sahne aufschlagen und zusammen mit den gehackten Mandeln vorsichtig unter den Reis rühren.
**5.** Die wichtige Mandel bereithalten.

### Für die Kirschsoße

**1.** Die Kirschen abgießen und den Saft auffangen.
**2.** Saft kochen.
**3.** Speisestärke in den Saft einrühren. Wenn er eingedickt ist, die Kirschen hinzufügen, alles heiß werden lassen.
**4.** Mit Zucker abschmecken.

Serviert werden der risalamande und die Kirschsoße in getrennten Schalen. Unter notarieller Aufsicht wird die ganze Mandel im Milchreis versenkt. Jeder bedient sich, ohne zu schummeln. Wenn jeder seine Portion hat, können die Spiele beginnen.

## AUS *DER* TANNENBAUM
### *VON HANS CHRISTIAN ANDERSEN*

Nun durfte der Baum nicht einmal beben. Oh, das war ein Grauen!
Ihm war bange, etwas von seinem Staate zu verlieren;
er war ganz betäubt von all dem Glanze. Da gingen
beide Flügeltüren auf, und eine Menge Kinder stürzten herein,
als wollten sie den ganzen Baum umwerfen, die älteren Leute
kamen bedächtig nach; die Kleinen standen ganz stumm,
aber nur einen Augenblick, dann jubelten sie wieder, dass es
laut schallte, sie tanzten um den Baum herum, und ein Geschenk
nach dem andern wurde abgepflückt.

# HYGGELIGE WEIHNACHTSREZEPTE

Mein Dasein in der Küche begann so wie das vieler Männer: mit guten Vorsätzen. Mit einem Küchenmesser bewaffnet schritt ich an die Anrichte und griff nach der roten Frucht. »Liebling, soll ich dir helfen und schon mal die Paprika schneiden?« Worauf meine Frau nur einen kurzen Blick über die Schulter warf und sagte: »Schatz, leg die Tomate wieder hin, und verschwinde aus der Küche.«

Seit dieser Zeit hat sich bei mir schon ein bisschen was getan – im Gegensatz zur dänischen Küche, deren Wesen bis heute gleich geblieben ist. Sie wurde über Jahrhunderte von den Bedürfnissen der Menschen geprägt, die ihr Leben lang hart arbeiten mussten, sei es auf dem Feld oder auf dem Meer. Wer raffinierter sein wollte, verbesserte erst mal die Zutaten, bevor er sich in irgendwelche Experimente verstrickte. So ist den meisten dänischen (Weihnachts-)Gerichten ihre robuste Herkunft noch deutlich anzumerken.

All das soll aber nicht heißen, dass es in Dänemark keine gehobene Küche gibt. Im Gegenteil. Bei uns gibt es 25 Restaurants, die mit Michelin-Sternen ausgezeichnet wurden, wobei das Geranium in Kopenhagen mit drei Sternen – hier schwingt Meisterkoch Rasmus Kofoed den Kochlöffel – vermutlich das bekannteste ist.

Wenn du in Dänemark also gut essen willst, wirst du mehr als genügend Gelegenheiten finden. Wenn du für dich selbst Anregungen suchst, findest du sie auf den folgenden Seiten. Ich habe mich allerdings auf die einfachen Gerichte konzentriert, die wir traditionell zur Weihnachtszeit essen – nicht zuletzt weil ihr Hygge-Faktor besonders hoch ist.

## FLÆSKESTEG (SCHWEINEBRATEN MIT KNUSPRIGER SCHWARTE)

Wenn es so etwas wie ein dänisches Nationalgericht gibt, dann ist es Schweinebraten mit knuspriger Schwarte. Auf jeden Fall ist es auch ein beliebtes Weihnachtsessen.

Die Schwarte gehört nicht überall zum Schweinebraten dazu, doch in Dänemark ist sie obligatorisch – es wird vermutlich eher schwierig sein, mal einen ohne zu finden. Die Beliebtheit des Gerichts hat bei uns sogar dafür gesorgt, dass es dieses Fleisch nicht nur beim Metzger, sondern auch in vielen ganz normalen Supermärkten gibt.

Wenn aber die Schwarte am Braten dran ist, dann soll sie am Ende aber auch richtig knusprig werden, und dazu möchte ich hier ein paar Tipps geben. Sie muss nämlich eingeritzt werden, bevor der Braten in den Ofen kommt, allerdings nicht tiefer als etwa einen halben Zentimeter und auf keinen Fall so weit, dass das tatsächliche Schweinefleisch eingeschnitten wird. Die so entstandenen Kerben müssen dann reichlich gesalzen werden, denn nur so wird die Schwarte richtig braun und kross.

Zubereitungsdauer: etwa zwei Stunden

**Zutaten für 4 Personen**

Schweinebraten ohne Knochen mit Schwarte (um die 2 kg)
Salz
6 Lorbeerblätter, 3 Möhren und 1 große Zwiebel (wenn geschmacklich gewünscht)

### Zubereitung
**1.** Den Ofen auf 225 °C vorheizen. Die Schwarte mit einem scharfen Messer einritzen, sodass sie ein Karomuster überzieht.
**2.** Den gesamten Braten mit Salz einreiben. Die Ritzen in der Schwarte nicht vergessen.
**3.** Falls vorhanden: Lorbeerblätter in den Ritzen positionieren. Wer

keine Lorbeerblätter hat oder mag, kann diesen Schritt übergehen.

**4.** Den Braten in einen Bräter geben und etwa anderthalb Tassen Wasser hinzufügen. Wer will, kann auch klein geschnittene Möhren und Zwiebeln hinzugeben. Der Sud mit dem Gemüse ergibt später eine schöne Soße. Bräter auf die mittlere Schiene in den Ofen stellen. Falls der Braten nicht gerade genug liegt, kann man seine Lage mit kleinen Stützen aus Alufolie korrigieren. (Wer das nicht macht, riskiert eine ungleichmäßig gebräunte Schwarte. Ich hatte doch gesagt, dass die sehr wichtig ist, oder?)

**5.** 15 Minuten brutzeln lassen.

**6.** Dann die Hitze auf 200 °C runterregeln. Weiter brutzeln lassen.

**7.** Wenn die Temperatur im Innern des Bratens nach einer guten Stunde 57 °C erreicht hat, den Grill des Ofens (wenn vorhanden) einschalten. Das unterstützt die Bräunung der Schwarte. Aber aufpassen: Nichts anbrennen lassen.

**8.** Bei einer Kerntemperatur von 65 °C ist der Braten gar. Das sollte nach etwa anderthalb Stunden der Fall sein.

**9.** Den durchgegarten Braten aus dem Ofen nehmen. Entweder eine Viertelstunde ruhen lassen oder gleich zulangen. Wer beim Ritzen der Schwarte für ein intelligentes Muster gesorgt hat, hat nun gute Orientierungslinien, um den Braten in Stücke zu schneiden.

**10.** Wer will, kann dem Bratensud in einer Pfanne noch Sahne und Soßenfarbe (madkulør) hinzufügen. Mit Salz abschmecken.

## BRUNEDE KARTOFLER
## (KARAMELLISIERTE KARTOFFELN)

Karamellisierte Kartoffeln sind beliebte Beilage für viele Weihnachtsgerichte. Sie passen wunderbar zu dem oben erwähnten Schweinebraten, ebenso gehen sie zu gebratener Ente. Dazu werden meist Rotkohl und normal gekochte Kartoffeln serviert. Als Nachtisch ist der bereits erwähnte risalamande üblich.

Für diese Köstlichkeit werden Kartoffeln so lange in einem Bad aus Zucker und Butter gebraten, bis sie ihren gewünschten Überzug haben. Grundsätzlich spricht nichts dagegen, diese Beilage auch zu anderen Jahreszeiten zu verzehren, aber gefühlt gehören brunede kartofler vor allem zu Weihnachtsgerichten. Man muss es ja nicht das ganze Jahr so dekadent treiben wie im Dezember.

Die karamellisierten Kartoffeln sind recht einfach zuzubereiten, das größte Problem dürfte vielmehr sein, eine ausreichende Anzahl kleiner Kartoffeln zu finden. Manche Köche fangen daher schon Wochen vor Weihnachten an, sich einen Vorrat zuzulegen. Wer sich Stress am Weihnachtstag sparen will, schält und kocht die Kartoffeln schon einen Tag vorher, dann geht das eigentliche Karamellisieren schneller. Man kann in Dänemark auch schon vorgekochte und geschälte Kartoffeln kaufen, aber aus der Sicht eines Nationalgerichtskoches gehören Menschen, die das tun, in dieselbe Kategorie mit jenen Leuten, die Wein aus dem Tetrapack trinken.

Zubereitungsdauer: 1 Stunde

**Zutaten für 4 Personen**

1 kg kleine Kartoffeln
125 g Zucker
25 g Butter
75 g Entenschmalz (wer will)

### Zubereitung

**1.** Kartoffeln waschen, aber noch nicht schälen. In leicht gesalzenem Wasser etwa eine Viertelstunde kochen.

**2.** Kartoffeln abkühlen lassen, danach pellen.

**3.** Den Zucker gleichmäßig in einer Bratpfanne verteilen und auf mittlerer Hitze schmelzen lassen. Vorsicht: Nicht umrühren. Teflon-Pfannen machen sich hier nicht so gut.

**4.** Wenn der Zucker geschmolzen ist, die Butter hinzufügen. Dann die Hitze erhöhen und Kartoffeln hinzugeben.

**5.** Die Kartoffeln in dem Zucker-Butter-Gemisch etwas länger als 5 Minuten brutzeln lassen und dabei fortwährend wenden. Nach Belieben Entenschmalz in die Pfanne geben. Die Kartoffeln sehen dadurch besser aus und schmecken auch würziger.

**6.** Sind die Kartoffeln von einer Zuckerschicht ummantelt, ist die Karamellisierung komplett.

# RØDKÅL
## (ROTKOHL DÄNISCHE ART)

Rotkohl ist die klassische Beilage zu vielen dänischen Weihnachtsgerichten. Die Zubereitung ist einfach, man braucht nur Rotkohl, Essig, Johannisbeersaft, Zucker und Salz. Wer Johannisbeersaft nicht mag, kann stattdessen auch Holundersaft nehmen. Und wer von seiner gebratenen Ente noch etwas Fett übrig hat, der kann damit den Geschmack des Rotkohls verbessern.

Zubereitungszeit: 1 Stunde

**Zutaten für 4 Personen**

1 kg Rotkohl
100 ml Essig
125 ml Tasse Johannisbeer- oder Holundersaft

150 g Zucker
1 TL Salz
Wasser

### Zubereitung

**1.** Rotkohl in der Küchenmaschine oder mit dem Hobel fein reiben, danach in einen Kochtopf geben.

**2.** Essig darübergießen. Eine halbe Stunde bei geschlossenem Deckel köcheln lassen. Regelmäßig umrühren, sonst brennt es an.

**3.** Saft, Zucker und Salz in den Kochtopf geben und eine weitere halbe Stunde köcheln, bis der Rotkohl die richtige Konsistenz hat. Er sollte nicht zu labbrig werden, es sei denn, du magst das so.

## AUS *DIE SCHNEEKÖNIGIN*
## *VON HANS CHRISTIAN ANDERSEN*

Des Schlosses Wände waren gebildet von dem treibenden Schnee
und Fenster und Türen von den schneidenden Winden,
da waren über hundert Säle, alle wie der Schnee sie zusammentrieb,
der größte erstreckte sich mehrere Meilen lang, alle beleuchtet
von dem starken Nordlicht, und sie waren leer, eisig, kalt und
glänzend. Nie gab es hier eine Lustbarkeit, nicht einmal einen kleinen
Bärenball, wozu der Sturm aufspielen und die Eisbären auf
Hinterfüßen gehen und dabei ihre Gebärden hätten zeigen können;
ein klein bisschen Kaffeeklatsch der weißen Fuchsfräuleins;
leer, groß und kalt war es in den Sälen der Schneekönigin. Die Nord-
lichter flammten so genau, dass man sie zählen konnte, wenn sie
am niedrigsten standen. Mitten in diesem leeren, unendlichen
Schneesaale war ein zugefrorener See, der war in tausend Stücke
gesprungen, aber jedes Stück war dem andern so gleich,
dass es ein wahres Kunstwerk war. Mitten auf diesem saß die
Schneekönigin, wenn sie zu Hause war, und dann sagte sie,
dass sie im Spiegel des Verstandes sitze, und dass dieser
der einzige und der beste der Welt sei.

# VII.

# HYGGELIGE KLEINIGKEITEN

Wir Dänen sind ja dafür bekannt, dass wir immer Hunger haben. Zu einer Kleinigkeit zwischendurch sagen wir eigentlich nie Nein – was auch daran liegt, dass unsere Küche in dieser Kategorie einiges zu bieten hat. Hier kommen ein paar unserer liebsten Häppchen. Nicht nur, aber natürlich auch zur Weihnachtszeit.

## KARRY SILD
## (HERING IN CURRY)

Unverzichtbar beim julefrokost und ähnlichen Anlässen. Eignet sich auch gut fürs Frühstück nach feuchtfröhlichen Weihnachtsfeiern …

**Zutaten für 1 Person**

1 Glas eingelegter Heringe (3 Filets)
150 g Mayonnaise
200 g Crème fraîche
1 TL Currypulver
Salz und Pfeffer
1 rote Zwiebel, gewürfelt
2 kleine rote Äpfel, entkernt und gewürfelt
2 TL Schnittlauch, gehackt
1 TL Dill, gehackt
1 TL Zucker
Roggenbrot

### Zubereitung

**1.** Die Heringe abspülen und auf Häppchengröße zurechtschneiden.
**2.** Mayonnaise, Crème fraîche und Currypulver mischen, mit Salz und Pfeffer abschmecken. Äpfel, Zwiebeln, Dill und Schnittlauch hinzufügen. Alles gut vermengen.
**3.** Die Heringe mit dem Mix überstreichen.
**4.** Vor dem Verzehr mindestens eine Stunde in den Kühlschrank stellen. Zwar hält sich der so zubereitete Hering ein paar Tage im Kühlschrank. Er sollte aber dennoch bald verzehrt werden.
**5.** Auf einer Scheibe Roggenbrot servieren. Wer nicht nur dem Gaumen, sondern auch den Augen etwas Guten tun möchte, garniert die Häppchen außerdem, zum Beispiel mit Apfelstückchen, Kresse oder gekochten Eiern.

# RØDGRØD MED FLØDE
# (ROTE GRÜTZE MIT SAHNE)

Risalamande und Rote Grütze mit Sahne haben beide die Farben des Dannebrog, der dänischen Nationalflagge. Das kann kein Zufall sein. Denn sowohl Rote Grütze als auch der Reis sind so etwas wie Nationalgerichte bei uns. Welches beliebter ist? Vermutlich der risalamande, aber am Ende muss das jeder für sich selbst entscheiden.

Die traditionelle Rote Grütze wird im Sommer mit frischem Obst eingekocht und zu den Feiertagen verspeist. Wer das im Sommer verpasst hat, kann kurz vor dem Fest immer noch Tiefkühlobst verwenden.

**Zutaten für 4-6 Personen**

1 kg Früchte insgesamt, zum Beispiel:
rote und schwarze Johannisbeeren
Erdbeeren

Kirschen
Himbeeren
Brombeeren
roter Rhabarber
3 Tassen Wasser
180–200 g Zucker
ca. 75 g Speisestärke
2 EL Zucker
50 g Mandelblättchen
1/4 l Sahne

### Zubereitung

**1.** Obst waschen und putzen (oder auftauen).

**2.** Danach mit Wasser und Zucker zum Kochen bringen.

**3.** Ca. 5–7 Minuten köcheln lassen, bis die Früchte zerfallen sind.

**4.** Den Saft abseihen, auffangen und 3/4 l davon abmessen.
Der übrige Saft wird nicht mehr gebraucht.

**5.** 3/4 l Saft zusammen mit den Früchten noch mal zum Kochen bringen.

**6.** Die Stärke mit ein wenig kaltem Wasser glatt rühren.

**7.** Das Gemisch zum Saft geben und unter Rühren kurz aufkochen lassen.

**8.** Eine Glasschale für die Rote Grütze auf ein feuchtes Küchentuch stellen und einen großen Löffel reinlegen (damit das Glas nicht platzt).

**9.** Heiße Grütze vorsichtig hineingießen.

**10.** Oberfläche mit Zucker bestreuen (um eine Haut zu vermeiden).
Die Grütze gut auskühlen lassen.

**11.** Vor dem Servieren mit Mandelblättchen garnieren, dazu halbfest geschlagene Sahne servieren.

# GLØGG (GLÜHWEIN)

Glühwein ist das klassische dänische Weihnachtsgetränk. Er besteht normalerweise aus Rotwein, Zimt, Rosinen und zerhackten Mandeln. Schon der Duft lässt einen an Weihnachten denken. Es gibt viele Rezepturen, hier kommt die meiner Familie:

**Zutaten für 12 Gläser**

1 unbehandelte Orange
10 Nelken

100 g Rosinen
12 cl Aquavit (anderer hochprozentiger Alkohol wie Amaretto
oder Rum geht auch)
2 Flaschen Rotwein à 0,75 l, besser keine Billigheimer
2 Zimtstangen
1–2 TL Zucker
Schale einer halben Zitrone
100 g ganze, geschälte Mandeln

### Zubereitung

**1.** Orange waschen und mit den Nelken spicken.

**2.** Aquavit und Rosinen dazugeben, eine Nacht marinieren lassen.

**3.** 200 ml Rotwein in einen Topf gießen. Zimtstangen, Zucker und Zitronenschale hinzugeben. Alles erhitzen, aber nicht kochen, dann eine Weile friedlich vor sich hin ziehen lassen.

**4.** Die marinierte Orange vorsichtig auspressen.

**5.** Den Kochtopf von der Flamme nehmen.

**6.** Früchte und Mandeln hinzufügen.

**7.** Mindestens eine halbe Stunde ruhen lassen.

**8.** Den restlichen Wein in den Topf geben und alles erhitzen, aber nicht richtig kochen.

**9.** Den Gløgg in Tassen oder Gläsern mit Löffel servieren, damit jeder an seine Früchte herankommt.

Das bekannte skandinavische »skål« (für Prost) heißt übrigens tatsächlich »Schale« oder »Schüssel« und stammt vom Wort für Schädel (vergleiche Englisch: Skull) ab. Es könnte also durchaus wahr sein, was man sich über die Wikinger und ihre Trinkgewohnheiten erzählt.

## AUS DER SCHNEEMANN
## VON HANS CHRISTIAN ANDERSEN

»Es ist eine so wunderbare Kälte, dass mir der ganze Körper knackt!«,
sagte der Schneemann. »Der Wind kann einem wirklich Leben
einblasen! Und wie die Glühende da oben glotzt!« – er meinte die
Sonne, die eben im Untergehen begriffen war. »Mich soll sie nicht zum
Blinzeln bringen, ich will meine Stückchen schon festhalten.«

Er hatte nämlich statt der Augen zwei große dreieckige Stücke
von einem Dachziegel im Kopf; sein Mund bestand aus
einer alten Harke, folglich hatte er auch Zähne.

Er war geboren unter dem Jubelrufe der Knaben und begrüßt vom
Schellengeläute und Peitschengeknall der Schlittenfahrer.

Die Sonne ging unter, der Vollmond ging auf in der blauen Luft,
rund und groß, klar und schön.

»Da ist sie wieder von der anderen Seite!«, sagte der Schneemann.
Damit wollte er sagen: Die Sonne zeigt sich wieder.
»Ich habe ihr doch das Glotzen abgewöhnt! Mag sie nun da hängen
und leuchten, damit ich mich selbst sehen kann. Wüsste ich nur,
wie man das macht, von der Stelle zu kommen! Ich möchte
mich gar zu gern bewegen! – Wenn ich es könnte, so würde ich jetzt
da unten auf dem Eise dahingleiten, wie ich die Knaben
gleiten sehe; aber ich weiß nicht, wie man läuft.«

# VIII.

## HYGGELIGES SMØRREBRØD

Zu den Merkwürdigkeiten, die einem als Dänen in Deutschland begegnen, gehört das Lied *Dänen lügen nicht* von Otto Waalkes. Da die Vorlage *Tränen lügen nicht* in Dänemark eher unbekannt ist, weiß man nicht sofort, ob er mit diesem Lied die stolze Nation der Dänen samt ihren ehrfurchterregenden Vorfahren, den Wikingern, verspotten will oder aber ob es um eine harmlose Schlagerparodie geht. Im Sinne der Völkerverständigung will ich mal Letzteres vermuten.

Eine weitere merkwürdige Sache, mit der ich in Deutschland immer wieder konfrontiert wurde, ist der Schlachtruf »Røm pøm pøm pøm!«, der von einem gewissen Koch aus der *Muppet Show* stammt, und der unter anderem so denkwürdige Gerichte wie »Elch an Schokolade« kreierte. Und natürlich »Smörrebröd, Smörrebröd, Smörrebröd«.

Nun muss man wissen, dass der Koch in der amerikanischen Originalversion der *Muppet Show* aus Schweden kam. Er hatte keinen Namen, aber im englischen Sprachraum wurde er als Swedish Chef genauso sprichwörtlich wie der dänische Koch in der deutschen Version. Vielleicht fand der deutsche Synchronautor ja Dänen einfach witziger als Schweden, aber man muss auch sagen, dass bei der Übersetzung ein

Teil des Originalwitzes auf der Strecke blieb. Besagter »Elch an Schokolade« heißt in der amerikanischen Version »moose chocolate«, was – vor allem, wenn es mit einem albernen Akzent gesprochen wird – ein bisschen wie »mousse au chocolat« klingt.

Kommen wir nun zum Smörrebröd. »Smør« heißt im Dänischen Butter, »brød« Brot. Grundsätzlich gesprochen ist also ein Smørrebrød ganz einfach ein Butterbrot. Aber so einfach ist es natürlich doch nicht. Typisch für das Smörrebröd – in dieser deutschen Schriftweise hat es sogar seinen Weg in den Duden gefunden – ist seine Offenheit; es hat keinen »Deckel« wie ein typisches Butterbrot, sondern zeigt seinen Belag stolz und ohne Scheu, weil es weiß, dass es nichts zu verbergen hat.

Traditionell besteht ein Smörrebröd aus drei Komponenten. Da wäre zunächst natürlich das Brot, das in den allermeisten Fällen aus Roggen gebacken wird (»rugbrød« also) und dunkel ist. Nur in wenigen Ausnahmen gestatten die anerkannten Smörrebröd-Koryphäen auch helles Brot (»franskbrød«, wörtlich übersetzt ist das »französisches Brot«), so zum Beispiel beim Fisch.

Auf das Brot kommt – nun nicht mehr wirklich überraschend – die Butter, die die Aufgabe hat, den Belag zu fixieren. Bei dem beginnt die große kulinarische Wissenschaft. Es gibt mittlerweile eine weltweite Smörrebröd-Gemeinde, die sich über die Zutaten berät und Smörrebröd-Rezepte miteinander tauscht. Diese werden sogar in drei Schwierigkeitskategorien (leicht – mittel – schwer) aufgeteilt, wobei man sagen muss, dass die Schwierigkeit in bestimmten Weltgegenden vor allem darin besteht, die original dänischen Zutaten zu besorgen. Ein Butterbrot zu schneiden und zu schmieren sollte keine intellektuelle Herausforderung darstellen. Die großen Smörrebröd-Meister begründen daher ihren Ruhm auch eher auf der Sorgfalt und Kreativität, mit der sie ihre Zutaten auswählen, und das Geschick, mit dem der Belag (dänisch »pålæg«) auf dem Brot arrangiert wird. Und da gibt es viel, viel mehr als »ost« (Käse) oder »leverpostej« (Leberpastete). Die besonders strengen Fachleute betonen außerdem, dass der Belag so positioniert sein muss, dass das Brot unter ihm nicht mehr zu sehen ist.

Smörrebröd gehört ebenso zur Alltagsdiät der Dänen wie zur gehobenen Cuisine, entsprechend werden sie auch bei festlichen Anlässen serviert. Weihnachten sind die Schnittchen ein wichtiger Bestandteil des julefrokost. Hier gilt, wenn man mehrere Smörrebröds vertilgt, wie auch anderswo: Zur besseren Bekömmlichkeit unbedingt die Reihenfolge beachten. Zuerst kommen die Brote mit Fisch, dann die mit Fleisch, darauf die mit Geflügel, dann die Salate und zum Schluss die mit Käse.

Es wird erzählt, dass das Smörrebröd ursprünglich von Bauern erfunden wurde, die sich als Verpflegung für die Feldarbeit einfach alles, was sie in der Küche fanden, auf eine Scheibe Brot packten und mit zur Arbeit nahmen. Die Brotscheibe war ursprünglich nur als eine Art Teller gedacht, den man ökologisch einwandfrei entsorgen konnte, aber die Bauern fanden bald heraus, dass die Soßen und Säfte der auf diesem »Teller« arrangierten Speisen dem Brot einen ganz eigenen Geschmack gaben. Im Laufe der Jahre schaffte die Brotunterlage das, wovon vermutlich viele Teller träumen: Sie wurden Teil der Mahlzeit.

Nach und nach drang die Feldarbeitermahlzeit bis auf die Speisekarte der klassischen Gastronomie vor. Hier ist nicht ganz geklärt, wer wirklich als Erster Smörrebröd auf der Speisekarte hatte. Es gibt mehrere Lokale, die sich schon seit langer Zeit in der Zubereitung üben und einen guten Ruf haben.

Louise und William Nimb vom Nimb Hotel sollen schon in den 1870er Jahren die ersten Luxus-Smörrebröds zusammengebaut haben. Und sie sollen auch unter den Ersten gewesen sein, die Smörrebröds als dänische Nationalspeise anpriesen. Wie gesagt, das kann stimmen, aber ich möchte mich aus diesem Streit – weil es mehrere Anwärter auf diesen Thron gibt – lieber raushalten.

Die Smörrebröds der Familie Nimb wurden zuerst in ihrem Restaurant im Tivoli angeboten, was ein guter Ort war, um das professionell belegte Butterbrot unter die Leute zu bringen – so gut übrigens, dass sie dort immer noch diverse Lokale betreiben.

Heute gibt es, angrenzend an das Tivoli, das Nimb Hotel, was in seiner Gestaltung – recht undänisch – ein wenig an das indische Taj Mahal erinnert. Außerdem gibt es »Fru Nimb«: ein spezielles Smörrebröd-Restaurant.

Es gibt Leute, die träumen von einem Stern auf dem Hollywood Boulevard, andere erhoffen sich, dass dereinst eine Straße nach ihnen benannt wird. Doch wer in Dänemark nach wahrem Ruhm strebt, der hat nur eines im Sinn: dass bei Ida Davidsen ein Smørrebrød nach ihm oder ihr benannt

wird, denn diese Ehre wird nur wenigen zuteil. Zugegeben, die meisten Namensgeber dürften im Ausland eher unbekannt sein, aber eine große Ausnahme gibt es natürlich, und die heißt:

Smörrebröd »H. C. Andersen«.

Okay, ich denke, du hast es schon gemerkt. Der Märchendichter Hans Christian Andersen ist für Dänemark, was Rembrandt für die Niederlande oder Mozart für Österreich ist. Man kommt an ihm nicht vorbei. Ida Davidsen behauptet sogar, dass ihre Vorfahren noch mit »HC« bekannt gewesen wären. Ob das stimmt, vermag ich nicht zu beurteilen, aber sie versichert glaubwürdig, dass sich auf diesem Smörrebröd nur Zutaten befinden, die der Märchendichter damals tatsächlich immer auf seinem Brot haben wollte.

### Zutaten
- Schinken
- Tomate
- Leberpastete
- Meerrettich

Die anderen Promis lösen jenseits der Landesgrenzen eher ein Schulter-zucken aus, aber auch ihre Sandwichs wurden mit genauso viel Liebe kreiert wie das des Märchenfürsten. Und du kannst mal überlegen, wie ein Smørrebrød aussehen müsste, das deinen Namen trägt. Hier ein paar mögliche Zutaten. Aber das sind nur Vorschläge, du kannst dich gern völlig austoben.

- Artischocke
- Bearnaise
- Beefsteak
- Frikadellen
- gebratene Champignons
- Gurkensalat
- Kalbsleberpastete
- Kartoffeln
- Meerrettich
- Mixed Pickles
- Petersilie
- Räuchertofu
- Rinderbrust
- Roastbeef
- Rote Beete
- rote Zwiebeln
- Schinken
- Schweinebraten
- Spiegelei
- Senf
- Tomate
- Zwiebeln

## AUS *DER SCHNEEMANN*
## VON HANS CHRISTIAN ANDERSEN

Der Schneemann hörte aber nicht mehr zu; er blickte unablässig
in die Kellerwohnung der Haushälterin, er schaute
in ihre Stube hinein, wo der Ofen auf seinen vier eisernen Beinen
stand, so groß wie er selber.

»Wie sonderbar das in mir knackt!«, sagte er.
»Werde ich nie dahinein kommen? Es ist doch ein unschuldiger
Wunsch, und unsere unschuldigen Wünsche müssen
doch in Erfüllung gehen. Ich muss dahinein, ich muss mich an sie
lehnen, und wenn ich auch die Fenster eindrücken sollte.

# IX.

# HYGGELIGES WEIHNACHTSGEBÄCK

Den Weihnachtsklassiker Lebkuchen gibt es in Dänemark eher selten, aber das bedeutet nicht, dass es an süßem Gebäck mangelt. Mit einem Süßigkeitenkonsum von mehr als acht Kilo pro Kopf im Jahr liegen wir weltweit in der Spitzengruppe. Wie bei vielen anderen Dingen wird in Dänemark auch bei den Süßigkeiten das Do-it-yourself-Prinzip hochgehalten. Es wird viel selbst gebacken, mit jeder Menge Nougat und Marzipan. Weitere beliebte Zutaten sind Nüsse, Schokostreusel, Glasuren, geschmolzene Schokolade und andere Köstlichkeiten, die sich kreativ verarbeiten lassen. Die selbstgebauten Süßigkeiten haben den Vorteil, dass sie zweimal hyggelig sind: einmal bei der Herstellung, einmal beim Genuss.

## ÆBLESKIVER
## (WÖRTLICH »APFELSCHEIBEN«)

Diese »Apfelscheiben« würden in Deutschland vielmehr unter Berliner, Pfannkuchen oder Krapfen laufen, insbesondere da überhaupt keine Äpfel drin sind. Aber immerhin sind sie so rund wie das Obst. Und da sie unheimlich glücklich machen, sind sie bestimmt auch fast so gesund ...

**Zutaten für ca. 30 Stück**

250 g Mehl
2 TL Zucker
1 TL Salz
1 Päckchen Trockenhefe oder 25 g frische Hefe
3 Eier (Eigelb und -weiß voneinander trennen)
je anderthalb Tassen Buttermilch und Sahne
Fett zum Backen
Puderzucker zum Bestäuben
2–3 Sorten Marmelade und Pflaumenmus

**Zubereitung**
**1.** Mehl, Zucker, Salz und Hefe in Schüssel geben.
**2.** Eigelb mit Buttermilch und Sahne vermischen und zu den trockenen Zutaten hinzufügen.

**3.** Alles gut verrühren, zuletzt steif geschlagenes Eiweiß unterheben.

**4.** Teig ca. 45 Minuten gehen lassen, bis er blasig und locker ist.

**5.** Mulden der aufgeheizten Æbleskiver-Pfanne – die musst du dir extra zulegen, aber ich verspreche dir, es lohnt sich! – mit Fett auspinseln.

**6.** Die Mulden je zu 3/4 mit Teig füllen.

**7.** Wenn die Gebäckunterseite fest ist, mit einer Gabel wenden.

**8.** Gebackene Æbleskiver auf einem Küchenpapier ausbreiten.

**9.** Bis zum Servieren im Backofen (bei ca. 80 °C) warm halten.

## KRANSEKAGE (KRANZKUCHEN)

Optisch ist ein Kranzkuchen ein Weihnachtsbaum aus Marzipan, der vor allem an Silvester serviert wird, aber da steht der Weihnachtsbaum ja auch noch im Wohnzimmer.

**Zutaten**

Für den Baum:
500 g Marzipanrohmasse
125 g Puderzucker
1 großes Eiweiß

Für die Glasur:
1 kleines Eiweiß
150–200g Puderzucker

**Zubereitung**

**1.** Marzipan, Eiweiß und Puderzucker in einer Schüssel verkneten,
bis der Teig weich und geschmeidig ist.

**2.** Den Teig eine halbe Stunde im Kühlschrank ruhen lassen.

**3.** Den Ofen auf 225 °C vorheizen. Auf der mit Puderzucker bestäubten
Arbeitsfläche unterschiedlich lange Teigrollen kneten,
alle ca. 2–3 cm dick, und zwar mit folgenden Längen: 8, 12, 16, 20
und 24 cm. Das wären dann fünf »Baumringe«. Wer mehr Ehrgeiz
hat, kann seinen kransekage auch bis an die Decke wachsen lassen,
braucht dann aber entsprechend mehr Teig.

**4.** Die Rollen zu Ringen formen.

**5.** Ca. 8–10 Minuten backen, bis die Ringe goldbraun sind.

**6.** Ringe gut auskühlen lassen.

**7.** Für die Glasur und zum Verkleben der Ringe das kleine Eiweiß
mit Puderzucker zu einer geschmeidigen, dicklichen Masse verrühren.

**8.** Den Baumbau mit dem untersten Ring beginnen, dann den nächst-
größeren »draufkleben«, bis alle Ringe einen Turm bilden.

**9.** Der kransekage wird traditionell mit dänischen Fähnchen,
übrigem Zuckerguss und evtl. Figuren verziert.

## BRUNE KAGER (BRAUNE KEKSE)

Zu Weihnachten gehört Plätzchenknuspern und -knabbern einfach dazu.
Und Braune Kekse eignen sich dazu am besten. Es gibt in vielen Familien
Rezepte, die von Generation zu Generation unverändert weitergereicht
werden. Wir sehen das nicht so eng. Nimm das Rezept einfach als Basis
für deine Experimente. Solange es schmeckt, ist alles gut. Doch idealer-

weise bereitest du den Teig einige Tage vorm Backen zu, dann schmecken sie – unserer jahrhundertealten Familienweisheit nach – besser.

**Zutaten**

125 g Butter
125 g Zucker
85 g dunkler Rübensirup
2 EL Pottasche
1 TL Wasser
250 g Mehl
1/2 TL gemahlene Nelken
je 1/2 EL gemahlener Zimt und Ingwer
30 g fein gehackte Sukkade
50 g gemahlene Mandeln

### Zubereitung

**1.** Die Butter mit Zucker und Sirup aufkochen, dann abkühlen lassen.
**2.** Pottasche in einer Tasse mit 1 TL Wasser auflösen.

**3.** Mehl mit Gewürzen, Sukkade, Mandeln und der Pottasche in eine Schüssel geben.

**4.** Die abgekühlte Sirupmasse dazugeben und alles verkneten.

**5.** Teig 1–2 Tage abgedeckt ruhen lassen, dann noch mal gut durchkneten.

**6.** Rollen mit ca. 4 cm Durchmesser formen.

**7.** Mit einem scharfen Messer dünne Scheiben von den Teigrollen abschneiden und sie auf ein gefettetes Backblech legen.

**8.** Bei 175 °C 6–8 Minuten backen, danach auskühlen lassen.

**9.** Die Kekse am besten in einer luftdichten Dose bewahren.

## VANILJEKRANSE (DÄNISCHES BUTTERGEBÄCK)

Man kann natürlich einfach eine Dose dänisches Buttergebäck kaufen, aber hyggeliger ist es auch hier, sie selbst zu machen. Und nur dann ziehen

die verführerischen Plätzchendüfte durchs ganze Haus, die alles in heimelige Stimmung tauchen. Jedenfalls sind die Vanillekränze in Dänemark ein fester Bestandteil der adventlichen Kaffeerunden. Der Teig ist, im Gegensatz zum Wienerbrot, relativ einfach herzustellen, spannend wird es erst beim Spritzbeutel, der mit seiner Düse für die klassische Form sorgt.

## Zutaten

75 g gemahlene Mandeln
250 g Mehl
1 Vanilleschote
175 g Zucker
200 g Butter (Zimmertemperatur)
1 Ei

### Zubereitung

**1.** Mandeln und Mehl vermischen.

**2.** Vanilleschote öffnen und das Mark herauskratzen.

**3.** Zucker, Vanille und Butter mit dem Mehl-Mandel-Mix in einer Schüssel verrühren.

**4.** Dann das Ei hinzufügen.

**5.** Den Teig in einen Spritzbeutel füllen und die Düse auswählen, die wie ein Stern geformt ist.

**6.** Mit dem Spritzbeutel kleine Ringe auf einem mit Backpapier belegten Backblech formen.

**7.** Die Kekse bei 200 °C für etwa 6 Minuten backen. Sie sind richtig, wenn sie eine leicht braune Farbe haben.

**8.** Die Kekse im Ofen abkühlen lassen, anschließend in einer Dose aufbewahren.

# KRYDDERIJ STJERNE (GEWÜRZSTERNE)

Ein weiteres typisches Weihnachtsgebäck sind Gewürzsterne, die sich auch noch hervorragend als Baumschmuck eignen. Ich mag sie besonders gern, weil es das erste Rezept ist, an dem ich mich als Kind selbst versucht habe. Irgendwann ist es meiner Mutter nämlich einfach zu bunt geworden, dass ich ihr beim Backen immer am Rockzipfel hing. Nach einiger Zeit erbarmte sie sich also und beauftragte mich zusammen mit meiner Schwester Dörte mit der Herstellung dieser Plätzchen. Inzwischen hat jeder in unserer Familie sein eigenes Rezept, und Dörte baut andere geschmackliche Besonderheiten ein als ich (sie mag etwa einen Hauch Amaretto, ich dagegen etwas mehr Zimt). Was du hier findest, ist die Basisversion, auf der jede Komposition aufbaut. Wenn wir uns zu Weihnachten jedes Jahr gegenseitig ein Päckchen unserer Plätzchen schenken, egal wo wir gerade auf dieser Welt sind, macht es großen Spaß, die unterschiedlichen Aromen zu vergleichen. Man könnte also durchaus sagen: krydderij stjerne sind so etwas wie die Familienkekse der Johansens.

**Zutaten**

90 g Honig
50 g Zucker
50 g Margarine
175 g Mehl
1 gehäufter TL Backpulver
80 g feine Haferflocken

1 gehäufter EL Kakao
Schale 1 unbehandelten Zitronenschale
je 1/2 TL Anis, gemahlene Nelken und Zimt
1 EL Milch

Für die Glasur:
etwa 100 g Puderzucker
2–3 EL heißes Wasser
1/4 TL Zimt

**Zubereitung**

**1.** Honig, Zucker und Margarine in einem Topf langsam erwärmen, bis alle Zutaten geschmolzen sind. Die Masse danach abkühlen lassen.
**2.** Mehl, Backpulver, Haferflocken und Kakao mit den Gewürzen, der Zitronenschale, der Milch und der Honigmasse verkneten.
**3.** Den Teig ca. 5 mm dick ausrollen und daraus Sterne ausstechen und auf ein mit Backpapier ausgelegtes Blech legen.
**4.** Im vorgeheizten Ofen bei 175 °C ca. 10 Minuten backen.
**5.** Den mit Zimt und Wasser glatt gerührten Puderzucker auf die noch warmen Sterne streichen und alles auskühlen lassen, bevor die Plätzchen in eine Dose kommen.

## HONNINGKAGE (HONIGKUCHEN)

Honigkuchen soll im Jahre 1783 in der Stadt Christiansfeld erfunden worden sein und war ursprünglich ein klassisches Weihnachtsgebäck. Inzwischen taucht er auch bei diversen anderen Anlässen auf den Tafeln auf, was aber kein Wunder ist – er schmeckt einfach zu gut.

**Zutaten**

450 g Honig
250 g Butter oder Margarine, außerdem etwas zum Einfetten
300 g Zucker
750 g Mehl
2 TL Backpulver
1 TL Natron
ca. 350 ml Buttermilch
2 Eier
je 2 TL Zimt und gemahlene Nelken
Schalen von 2 ungespritzten Orangen
Auf Wunsch 1–2 TL madkulør

## Zubereitung

**1.** Den Backofen auf 175 °C vorheizen.

**2.** Honig, Margarine und Zucker unter stetem Rühren in einem Topf erhitzen, bis alles eine homogene Masse ist. Danach leicht abkühlen lassen.

**3.** Das Mehl mit Backpulver und Natron mischen, dann Buttermilch, Eier und Gewürze hinzufügen. Alles zu einem geschmeidigen Teig verrühren, anschließend mit der noch warmen Honig-Margarine-Zucker-Masse vermischen.

**4.** Für eine stärkere Bräunung 1–2 TL madkulør hinzugeben.

**5.** Eine große Kastenform satt einfetten, mit Mehl bestäuben und den Teig hineinfüllen.

**6.** Kuchen auf der mittleren Schiene etwa 70-90 Minuten backen (Stäbchenprobe).
**7.** Den Kuchen sofort nach dem Backen aus der Form stürzen und auf einem Kuchengitter auskühlen lassen.

## KLEJNER

Nun kommt ein Gebäck, für das es tatsächlich keinen deutschen Namen gibt. Ein »klejne« ist ein kleines Stück Teig, das wie ein Karo mit Knoten geformt ist. Man kann in Dänemark klejner an jeder Ecke kaufen, aber er wer etwas auf sich hält, der macht sie selbst. Was auch gar nicht so schwer ist und viel mehr Spaß macht.

Für eine Runde klejner sollte man zwei bis drei Stunden einplanen. Der Teig ist zwar schnell fertig, allerdings muss er noch eine Stunde ruhen, bevor man mit dem Backen anfangen kann, und das Kneten und Formen dauert gut noch mal eine Stunde. Natürlich ist man beim Eigenbau nicht verpflichtet, nur die traditionellen Formen zu verwenden, du kannst dich also gern austoben.

**Zutaten**

3 Eier
150 g Zucker
150 g Butter
ein wenig geriebene Zitronenschale
500 g Mehl

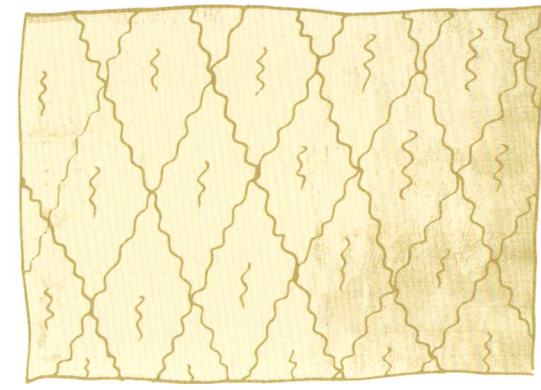

1 TL Natron
1/2 TL Kardamom
3 TL Sahne
500 g Öl

### Zubereitung

**1.** In einer großen Schüssel
die Eier mit dem Zucker
aufschlagen.

**2.** Butter und geriebene Zitronenschale hinzufügen, alles
erneut gut aufschlagen und so lange rühren, bis der ganze Schüsselinhalt von cremiger Konsistenz ist.

**3.** In einer zweiten Schüssel Mehl, Natron und Kardamom
vermischen. Dann Mehlmix, Sahne und Buttermix vermengen und so lange kneten, bis ein ebenmäßiger Teig
entstanden ist.

**4.** Den Teig für eine Stunde im Kühlschrank ruhen lassen.

**5.** Danach mit einem Nudelholz ausrollen, bis er nur noch
einen halben Zentimeter dick ist. Teig jeweils links und
rechts schräg in lange Streifen schneiden, jeder ungefähr
fünf Zentimeter breit.

**6.** In jedes Teigstückchen ein kleines Loch schneiden. Jetzt
können die Teigstücke gefaltet werden, und zwar so:

**7.** Das Öl in einem Kochtopf auf 180 °C erhitzen.

**8.** Die klejner für zwei oder drei Minuten im Ölbad ausbacken.

**9.** Wenn sie fertig sind, die klejner am besten auf Küchenpapier legen, damit das überschüssige Öl aufgesaugt wird.

Am besten schmecken sie, solange sie noch warm sind.

## AUS *DIE SCHNEEKÖNIGIN* VON HANS CHRISTIAN ANDERSEN

Dort auf dem Platze banden oft die kecksten Knaben
ihre Schlitten an die Wagen der Landleute fest, und dann fuhren sie
ein gutes Stück Weges mit. Das ging prächtig. Als sie
im besten Spielen waren, da kam ein großer Schlitten, der war ganz
weiß angestrichen, und darin saß jemand in einem rauen,
weißen Pelz gehüllt und mit einer weißen, rauen Mütze.
Der Schlitten fuhr zweimal um den Platz herum, und Karl band
seinen kleinen Schlitten schnell daran fest, und nun fuhr er mit.
Es ging rascher und rascher, gerade hinein in die nächste
Straße. Der Kutscher wendete das Haupt und nickte dem Knaben
freundlich zu, es war gerade, als ob sie einander kannten,

und jedes Mal, wenn Karl seinen kleinen Schlitten ablösen wollte,
nickte die Person wieder, und dann blieb Karl sitzen. Sie fuhren
endlich zum Stadttor hinaus, da begann der Schnee so stark
niederzufallen, dass der kleine Knabe keine Hand vor sich erblicken
konnte, aber er fuhr davon. Da ließ er schnell die Schnur los,
um von dem großen Schlitten freizukommen, aber das half nichts,
sein kleines Fahrzeug hing fest, und es ging mit Windeseile.
Da rief er ganz laut, aber niemand hörte ihn, der Schnee trieb,
und der Schlitten flog dahin; mitunter gab es einen Sprung,
es war, als führe er über Gräber und Hecken. Karl war ganz
erschrocken, er wollte beten, aber er konnte sich nur des großen
Einmaleins erinnern.

Die Schneeflocken wurden größer und größer,
zuletzt sahen sie aus wie große, weiße Hühner; auf einmal
sprangen sie zur Seite, der große Schlitten hielt, und die Person,
die ihn fuhr, erhob sich. Pelz und Mütze waren ganz und gar
von Schnee, es war eine Dame, hoch und schlank, glänzend weiß,
es war die Schneekönigin.

# X.

# VOM ERFINDER HYGGELIGER

# (WEIHNACHTS-)GESCHICHTEN

Dieser Tage gilt Dänemark als Kinderparadies. Wann immer irgendwo auf der Welt ein Erziehungsproblem ansteht, wird scheinbar früher oder später ein dänischer Pädagoge zu Rate gezogen, der dann meistens sagt, dass wir das alles nicht so eng sehen müssen, Kinder seien nicht aus Glas oder Porzellan, sondern viel robuster, als manche Eltern glauben.

Aber damit nicht genug. Es reisen auch Wissenschaftler und Pädagogen aus anderen Ländern an, um sich selbst in Dänemark anzuschauen, wie dort mit Kindern umgegangen wird. Sie bekommen dort meiner Meinung nach zwar nicht so viel zu sehen, auf das man nicht auch mit gesundem Menschenverstand selbst gekommen wäre, aber wenn es hilft, warum nicht?

Zwei Wissenschaftlerinnen aus den USA schrieben ein Buch, in dem sie erklären wollten, warum dänische Kinder glücklicher sind als andere. Dabei kamen sie unter anderem zu der Erkenntnis: Dänische Kinder haben mehr vom Leben, weil ihnen schon früh Geschichten vorgelesen werden. Und zwar »ausdrucksvoll und betont«. Ob das wirklich etwas Besonderes ist, weiß ich nicht, aber ich bin tatsächlich mit einer Unzahl »ausdrucksvoll und betont« vorgetragener Geschichten groß geworden. Meine Mutter las am liebsten vor, während mein Vater sich selbst

Geschichten ausdachte. Jedenfalls glaubte ich das damals. Ohne Buch oder einen Notizzettel in der Hand begann er zu erzählen und mit seinen Worten ganze Welten zu erschaffen.

Er erzählte im Sommer und im Winter. Und wenn er im Sommer am halboffenen Fenster saß, dann genehmigte er sich durchaus auch mal eine Zigarette, was natürlich aus heutiger pädagogischer Sicht ein absoluter Frevel ist. Für mich aber gehört das kurze Aufleuchten der Glut nebst der mit seinem Bariton aus dem Stegreif erschaffenen Abenteuern zu den schönsten Kindheitserinnerungen, die ich auch im Alter nicht missen möchte. (Und außerdem möchte ich bei dieser Gelegenheit daran erinnern, dass unsere Königin Margarethe eine passionierte Raucherin ist – oder zumindest lange war. Da darf man als getreuer Untertan nicht zurückstehen.)

An meiner Bewunderung für das Erzähltalent meines Vaters änderte sich auch nichts, als ich herausfand, dass er sich für sein Repertoire ziemlich kräftig bei einem anderen Herrn bedient hatte. Und das war natürlich niemand anders als unser aller Hans Christian Andersen. Mein Vater muss ein großer Verehrer von ihm gewesen sein, denn eines Abends erzählte er auch das Leben des Dichters selbst wie ein Märchen. (Allerdings habe ich das erst viel später verstanden.)

Im Leben von Hans Christian Andersen gab es viel Trauriges, woraus er dann seine zauberhaften Stoffe webte, aber manchmal segelte er auch knapp an der Grenze zum Lächerlichen, was quasi gleich am Tag seiner Geburt losging. Hans Christian Andersen kam einen Tag nach dem 1. April 1805 in der Stadt Odense auf der Insel Fünen zur Welt. Wenn man einen Blick auf die Landkarte wirft, wirkt Fünen wie der Mittelpunkt des Landes, um den sich die anderen Inseln und Gebiete des Reiches sortieren; und Odense, was ziemlich zentral auf der Insel liegt, wie das Herz. Aber damals, zur Zeit der Geburt des kleinen Hans, lag

Odense vielleicht nicht am Ende der Welt, aber man konnte es vermutlich von dort aus schon ziemlich gut erkennen. Gefühlt schien Odense hinter der Hauptstadt Kopenhagen hundert Jahre hinterher zu sein, es gab hier noch Sitten und Gebräuche, die im Rest des Landes längst vergessen waren.

Aber für einen zukünftigen Märchendichter war das natürlich eine ideale Umgebung.

Der Vater von Hans Christian war Schuster, aber offenbar auch anderweitig handwerklich begabt, denn Vater Andersen hatte nicht nur seine Werkbank, sondern auch das Hochzeitsbett selbst gezimmert, in dem sein Sohn später fröhlich krähend das Licht der Welt erblickte.

Hans' Vater war ein kluger Kopf, allerdings ohne große Bildung, während sich seine Mutter vor allem durch Herzenswärme auszeichnete. Auf den ersten Blick schienen die beiden überhaupt nicht zueinander zu passen, aber sie waren glücklich, denn sie erkannten ineinander etwas, was für den Rest der Menschen unsichtbar blieb.

Als Kind war Hans Christian ein Träumer, und zwar im wahrsten Sinne des Wortes. Er wurde immer wieder dabei ertappt, wie er mit geschlossenen Augen durch die Gegend wandelte und das Geschehen hinter seiner Stirn offenbar viel spannender fand als die wahre Welt dort draußen. Zeitweise befürchteten seine Eltern sogar, ihr Junge wäre blind oder würde es zumindest werden, aber es war einfach so, dass seine Träume den kleinen Jungen magisch in ihren Bann zogen. Sein Sehvermögen war entgegen der Befürchtungen seiner Eltern hervorragend ausgebildet, wie sich später in unzähligen Skizzen und Zeichnungen zeigen sollte. Sie geben auch heute noch einen Einblick auf seine Sicht der Welt. Und das meine ich wortwörtlich, denn Hans Christian Andersen sollte später ein großer Reisender werden, der insgesamt neun Jahre seines Lebens auf Reisen verbrachte.

Doch in seinen Kinderjahren war seine Welt noch sehr beengt. Das Haus der Eltern hatte nur eine kleine Stube, in der sich bereits erwähntes Bett und Werkbank befanden, daneben eine Wandbank (auf der schlief das Kind), an den Wänden hingen Bilder, in einem Regal standen Tassen, Gläser und andere Küchenutensilien, und alles, was es hier gab, wurde in den ersten Phantasieprodukten des Kindes verarbeitet. So unterhielt die Mutter in der Dachrinne des Hauses einen kleinen Garten, der später in dem Märchen von der Schneekönigin wieder auftauchte.

In der Nachbarschaft gab eine Pastorenwitwe, die hörte auf den eingängigen Namen Bunkeflod, und bei ihr hörte Hans Christian zum ersten Mal den Begriff »Dichter«. Zuvor hatte er weder gewusst, dass es dieses Wort gibt, noch was es bedeutet. Aber als er hörte, mit welcher Bewunderung Madame Bunkeflod diese Berufsbezeichnung aussprach, da wollte er auch ein Dichter sein. Hans war oft bei Frau Bunkeflod zu Besuch, denn die alte Dame hatte ihm das Nähen beigebracht. Dieses Handwerk kam ihm bald sehr zupass, denn mittlerweile betrieb der Junge ein Puppentheater mit einem ständig wachsenden Ensemble, und wie es im Spielbetrieb eben ist: Immer gab es an der einen oder anderen Figur etwas zu nähen oder zu flicken. Für ihre Lehrtätigkeit bedankte sich Andersen mit einem selbst genähten Nähkissen aus Samt, welches Frau Bunkeflod bis ins hohe Alter in Ehren hielt.

Im Winter las auch Hans Christians Vater seinem Sohn Geschichten vor (ob »ausdrucksvoll und betont«, ist nicht überliefert), aber im Sommer sprachen sie wenig. Da gingen Vater und Sohn in den Wald. Die Mutter kam selten mit, aber wenn, dann zog sie dazu ihr bestes Kleid an. Was die Eltern dann taten, ist nicht überliefert, aber der kleine Junge erfreute sich an der Natur und vergnügte sich mit all den Dingen, die auch in seinen Märchen auftauchen: Erdbeeren auf Strohhalme spießen und dergleichen.

Hans Christian konnte sich gut mit sich selbst beschäftigen, und das war eine gute Sache, denn nachdem sein Vater gestorben war, verdingte sich seine Mutter als Wäscherin, und Hans Christian war auf sich allein gestellt. Er baute dann aus einem Besenstiel und einer Schürze seiner Mutter ein Zelt und verkroch sich darin. Manchmal ging er aber auch mit zum Waschen an den Fluss, baute sich dort auf einem Stein auf und sang. Eine der Wäscherinnen hatte ihm erzählt, dass auf der anderen Seite des Steins China liegen würde, und Hans Christian hoffte innig, dass ein chinesischer Prinz seinen Gesang hören und ihn in sein Reich holen würde. Völlig ausgeschlossen war das nicht, denn eine Wahrsagerin hatte ihm einst prophezeit, dass er mehr Glück in seinem Leben haben würde, als er verdiente.

In der Schule war Hans Christian immer der Kleinste, und er musste von den Lehrern vor den anderen Kindern beschützt werden. Als er die Schule beendet hatte, wollte seine Mutter ihn in eine Lehre schicken, entweder Schneider (nähen konnte er ja schon) oder (wenn es denn unbedingt etwas mit Medien sein sollte) Buchbinder. Aber der kleine Andersen wollte nach Kopenhagen und Schauspieler werden, denn inzwischen hatte ihm eine weitere Wahrsagerin prophezeit, dass eines Tages die ganze Stadt im Glanze seines Namens erstrahlen würde.

Da der Vater auf dem Totenbett angewiesen hatte, dass dem Jungen kein Wunsch abgeschlagen werden dürfe, ließ die Mutter ihm seinen Willen, und er brach mit dreizehn Talern in die große Welt auf. Davon musste er allein drei für die Kutsche berappen, aber er war ob der neuen Erfahrung dennoch hoch beglückt, zumal er auch zum ersten Mal mit einem Segelboot über den Belt gefahren war.

Am 6. September 1819 kam Hans Christian Andersen in Kopenhagen an. Er kam bei einer knauserigen Witwe namens Schwartz unter (da in Dänemark Farben als Familiennamen recht selten sind, ist nicht ausgeschlossen, dass die Vermieterin deutsche Wurzeln hatte) und nahm trotz seiner prekären Vermögensverhältnisse neben Schauspiel auch noch Ballett- und Gesangsunterricht. Allein in der fremden großen Stadt litt er unter Heimweh, und sein einziger Trost in dieser Zeit war der Mond, der milde durch sein Fenster blickte, denn es war derselbe, der auch zu Hause in Odense die Nacht erhellte. Jeden Abend wirft Andersen vor dem Einschlafen dem Mond eine Kusshand zu. Was aber alles nicht verhindert, dass seine Kleidung immer schäbiger wird und seine Stiefel weiter verschleißen.

Andersen findet zwar Gönner, die ihm ein Auskommen und Weiterbildung ermöglichen, aber der Unterricht ist streng und trostlos, und seine wahre Schule ist die Welt. Mit vierzehn reist er zum ersten Mal nach Italien, knapp drei dutzend Auslandsreisen sollen folgen. Andersen

fährt auch zum ersten Mal mit diesem neumodischen Ding, genannt Eisenbahn. Das Fauchen und die Geschwindigkeit ängstigen ihn, aber irgendwo ist die ganze Angelegenheit auch wieder spannend. Der junge Mann zeichnet weiter seine Skizzen, er führt auch sein Leben lang Tagebuch, mehr als 4000 Seiten werden es am Ende sein, aber berühmt machen ihn seine Märchen. Sie scheinen ihm wie von selbst zuzufliegen. Bei einer Überfahrt über das Meer kommt ihm die Idee für *Die kleine Meerjungfrau*, und als er eines Abends in Italien seine alten vernarbten Stiefel neben dem Feuer stehen sieht, kommt es ihm vor, als diktiere ihm das Schuhwerk seine Geschichte selbst.

Sein erstes Märchen veröffentlichte er 1835. Als er so zu einigem Ruhm gelangt war, spendierte ihm das Königshaus eine lebenslange Pension. Andersen hätte glücklich sein können – wenn nur sein Privatleben etwas heiterer gewesen wäre. Dass ihn eine Jugendliebe verschmähte, kränkte ihn tief, ihren Abschiedsbrief bewahrte er bis an sein Lebensende auf. Eine weitere unerfüllte Liebe blieb die Sängerin Jenny Lind. Die »schwedische Nachtigall« kam wie er aus einfachen Verhältnissen und wurde zum Star. Sie sang Volkslieder, er schrieb volkstümlich Lieder – allein, die beiden konnten nicht zueinander finden.

Da Andersen bis zu seinem Tode unverheiratet blieb, entstanden Gerüchte darüber, dass er eigentlich homosexuell sei, wozu natürlich beitrug, dass sich Märchen wie *Das hässliche Entlein* hervorragend als Coming-out-Geschichten lesen ließen. Wieder andere beschrieben ihn als Asketen, der der platonischen Liebe in all ihrer Reinheit huldigte. Aber es könnte auch ganz einfach sein, dass Andersen sich die Liebe in seiner Phantasie in so schillernden Farben ausmalte, dass die Realität beim besten Willen nicht Schritt halten konnte. Hinzu kam, dass er selbst – rein äußerlich zumindest – auch nicht gerade Traumprinzenmaterial war.

Wie zerrissen sein Herz war, erfuhr man erst in diesem Jahrhundert, als ein Brief gefunden wurde, den Hans Christian Andersen Weihnachten 1832 an Christian Voigt geschrieben hatte. Christian Voigt war der Bruder von Andersens erster großer Liebe. Sie hörte auf den Namen Riborg, ein alter nordischer Name, der heute nicht mehr häufig ist. Riborg bedeutet »die Umarmende«, und allein das muss in Andersens Ohren wie Hohn geklungen haben. Seine Auserwählte hatte ein Jahr zuvor einen anderen geheiratet, und in seinem Weihnachtsbrief wurde deutlich, dass Hans Christian die Trauer immer noch nicht überwunden hatte. Der Brief ist in einem für Andersen ungewöhnlich emotionalen Ton gehalten (in seiner Privatkorrespondenz war er normalerweise längst nicht so gefühlig wie in seinen Märchen), und an der Schrift lässt sich erkennen, wie sehr ihm die Hand gezittert hatte.

Hans Christian wollte sich bei Bruder Voigt auch nicht beschweren. Er brauchte einfach ein Ohr, um sein Herz auszuschütten. Außerdem sollte Christian Voigt den Brief sofort nach dem Lesen verbrennen. Aber das machen ja die Leute bei Dichtern so gut wie nie.

Auf jeden Fall trug Hans Christian Andersen bis zu seinem Tode Riborgs letzten Brief in einem kleinen Beutel um seinen Hals. Und als man Riborgs Nachlass sichtete – sie starb acht Jahre nach ihm –, fand man bei ihr in einer verborgenen Schublade ein Gedicht, das Hans Christian ihr geschrieben hatte, nebst einem Foto des Dichters und einem kleinen Blumenbouquet.

Bei aller Romantik und Märchenbegeisterung, Andersen war kein Fortschrittsfeind. Vor allem die Daguerreotypie, eine Vorform der Fotografie, begeisterte ihn, auch wenn ihm dämmerte, dass seine Skizzen durch die neue Erfindung obsolet werden könnten. Er ließ sich bis zu dreimal am Tag ablichten, obwohl er fand, dass er auf den Bildern wie ein Nussknacker aussah.

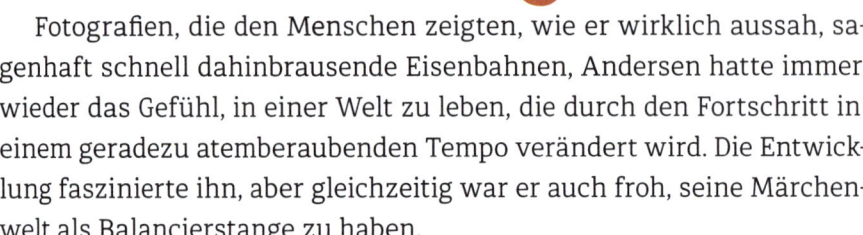

Fotografien, die den Menschen zeigten, wie er wirklich aussah, sagenhaft schnell dahinbrausende Eisenbahnen, Andersen hatte immer wieder das Gefühl, in einer Welt zu leben, die durch den Fortschritt in einem geradezu atemberaubenden Tempo verändert wird. Die Entwicklung faszinierte ihn, aber gleichzeitig war er auch froh, seine Märchenwelt als Balancierstange zu haben.

Er hielt noch anderes Werkzeug für den Notfall bereit: Auf seinen vielen Auslandsreisen hatte Andersen immer ein Seil dabei, damit er sich im Falle eines Brandes aus dem Hotelfenster abseilen konnte. Ein anderer ständiger Reisebegleiter war eine Schere. Wenn der Dichter in einem Land weilte, dessen Sprache er nicht beherrschte, verständigte er sich mit kunstvollen Scherenschnitten. Diese Schnitte dienten sowohl als Vokabel-Trainer als auch als Freundschaftsgesten.

Manchmal machte ihn sein Mangel an Sprachkenntnissen auch mutiger, als er im heimatlichen Leben war. Bei einer Reise durch Böhmen ließ er sich beibringen, was auf Tschechisch »Schönes Mädchen, ich liebe dich« heißt. Er paukte den Satz und rief ihn dann aus fahrenden Kutschen am Wegesrand stehenden Bäuerinnen hinterher. Die fahrende Kutsche war aber wichtig. Im direkten Kontakt hätte er sich das nicht getraut.

Als Hans Christian Andersen am 4. August 1875 in Kopenhagen stirbt, ist er weltberühmt, Dichterkollegen von Walter Scott bis Heinrich Heine schätzen seine Werke. Wie von der Wahrsagerin prophezeit, lebt Odense – heute eine blühende Großstadt – von ihrem großen Sohn und lässt seinen Namen in vielen Farben leuchten.

Neben Märchen hat Andersen auch Romane und Dramen geschrieben, denn er wollte ein Schriftsteller für sämtliche Lebensalter sein, doch wer an Andersen denkt, denkt nun mal in erster Linie an Märchen, was er in dem Titel seiner Autobiographie *Das Märchen meines Lebens* auch akzeptierte.

*Des Kaisers neues Kleider, Die Prinzessin auf der Erbse, Däumelinchen, Der standhafte Zinnsoldat, Die Galoschen des Glücks* ... Schon die reine Anzahl der Typen und Mythen, die Andersen geschaffen hat, ist beeindruckend. Und dabei sind die weihnachtlichen Geschichten, aus denen auch in diesem Buch zitiert wird (*Die Schneekönigin, Das Mädchen mit den Schwefelhölzern, Der Tannenbaum* und andere), noch gar nicht erwähnt. Gesetzt den Fall, die Hollywood-Firmen Disney, Pixar und Konsorten (von den japanischen Manga-Artisten ganz zu schweigen) wären plötzlich von allen Rohstoffen abgeschnitten; allein mit Hans Christian Andersen könnten sie bis ans Ende dieses Jahrhunderts überdauern.

Hatte ich als Heranwachsender meinen Vater insgeheim geschmäht, weil er sich so bedenkenlos bei Andersen bedient hatte, wuchs im Laufe meines Lebens mein Verständnis für diese und andere Taten.

Nicht zuletzt weil ich mittlerweile in einem Alter bin, in dem ich selbst meinen Kindern Geschichten zum Einschlafen erzähle (natürlich »ausdrucksvoll und betont«).

Anfangs wollte ich meinen Vater übertrumpfen und nur originales Material verwenden, aber der Vorrat ging schnell zur Neige, und so griff ich bald auf Hans Christian Andersen in mehr oder weniger verbrämten Formen zurück.

Wer Kindern schon mal Geschichten vorgelesen oder erzählt hat, weiß, dass sie ein anspruchsvolles Publikum sind, in ihrem Verhalten Literaturkritikern nicht unähnlich. Einerseits erwarten sie hemmungslose Hingabe an ihre eigene Produktion (wer das nicht glaubt, kann ja mal die Erzählung eines Kindes »Heute habe ich einen Vogel gesehen« mit einem unbeeindruckten »Na und?« kommentieren), andererseits stellen sie aber an den Stoff, den sie konsumieren, die höchsten Ansprüche. Nach vielen und manchmal langen Vorlese- und Erzählabenden kann ich jedenfalls sagen: Hans Christian hat nie enttäuscht. Und so spricht einiges dafür, dass auch meine Enkel in den Genuss von mehr oder weniger unverfälschten Andersen-Märchen kommen.

Da es in diesem Buch um Weihnachten geht und all das, was daran hyggelig ist, soll nicht verschwiegen werden, dass Hans Christian auch in dieser Hinsicht zu den Vorreitern gehört.

Auf Basnæs besuchte der Dichter einen Hof, auf dem es einen Weihnachtsbaum gab, unter dem sowohl die armen als auch die reichen Kinder ihre Weihnachtsgeschenke empfingen. Das gefiel ihm so gut, dass er seine Schere zückte und einigen selbst gebastelten Baumschmuck beisteuerte. Und diesen Schmuck, den Andersen damals kreiert hatte, den gibt es in der einen oder anderen Form noch heute.

So, das war's von mir zum großen Meister. Oder, wie Hans Christian Andersen sagen würde: »Das ist Geschichte. Erzählt sie besser, wenn ihr könnt.«

## AUS *DER TANNENBAUM*
## VON HANS CHRISTIAN ANDERSEN

»Nun ist es Winter draußen!«, dachte der Baum.
»Die Erde ist hart und mit Schnee bedeckt, die Menschen können
mich nicht pflanzen; deshalb soll ich wohl bis zum Frühjahr
hier im Schutz stehen! Wie wohlbedacht ist das!
Wie die Menschen doch so gut sind! Wäre es hier nur nicht
so dunkel und schrecklich einsam! Nicht einmal ein kleiner Hase!
Das war doch niedlich da draußen im Walde,
wenn der Schnee lag und der Hase vorbeisprang, ja selbst
als er über mich hinwegsprang; aber damals mochte
ich es nicht leiden.«

# XI.

# HYGGELIGES FERNSEHEN

Es gibt bei uns auch hyggelige Weihnachtsbräuche, die sich – zumindest auf den ersten Blick – gar nicht so sehr vom Rest der Welt unterscheiden. So ist hierzulande wie anderswo auch die Frequentierung der Kirchen um die Weihnachtszeit deutlich höher, wobei eine Besonderheit ist, dass man in Dänemark mit Kirche fast immer evangelisch-lutherisch meint, denn das ist unsere Staatskirche. Im Alltag geht die Gleichsetzung von Protestantismus und Religion sogar so weit, dass bei manchen Gelegenheiten von »Christen und Katholiken« die Rede ist und dem Sprecher oft gar nicht bewusst ist, dass die katholischen Kollegen hier möglicherweise ältere Ansprüche anmelden könnten. Die Redewendung ist aber auf keinen Fall böse gemeint.

Zu den Attraktionen der Weihnachtszeit gehört das Fernsehprogramm, auch wenn das auf den ersten Blick gar nicht so hyggelig klingt. So gab es früher im Fernsehen alljährlich wie in Deutschland einen großen Weihnachtsmehrteiler, der dann in der ganzen Familie gesehen wurde. Da damals dänische TV-Produktionen noch nicht so berühmt und auch nicht so finanzkräftig waren wie heute, wurden diese Serien in der Regel importiert. Die amerikanische Mini-Serie *Die Dornenvögel* war zum Beispiel so ein Programm, welches bei uns in der Familie absoluten Kultstatus genoss. Für die hyggelige Stimmung meiner Mutter war es von essentieller Bedeutung, zu erfahren, ob denn nun der Priester Ralph de Bricassart endlich seine Unschuld verlieren würde und wenn ja – wie. Mein Vater teilte diese Begeisterung weniger, aber er musste dennoch die Abenteuer, die in den Weiten Australiens und den engen Gemächern des Vatikans spielten, mit ansehen, schließlich wollte auch er nicht, dass der Haussegen dadurch ins Wanken gerät, dass er sich vom heimischen Fernseh-Lagerfeuer entfernt hätte.

Die Stimmung besserte sich erst, als mein Vater erfuhr, dass meine Mutter bei Herrn Chamberlain auch dann keine Aussicht auf Erfolg gehabt hätte, wenn er der letzte Mann auf dieser Erde gewesen wäre und sie die letzte Frau. Wenn du willst, kannst du die genaueren Gründe dafür auch googeln, aber vielleicht wird es auch so klar, und möglicherweise hat sich die sexuelle Disposition des Priesterverkörperers längst rumgesprochen, aber damals, als die Zeiten noch diskreter waren, war das anders.

Neben den bekannten TV-Serien gibt es auch noch einige Filme, die zu den Highlights des dänischen Weihnachtsfernsehprogramms gehören. Darunter sind die üblichen Verdächtigen wie *Kevin allein zu Haus* oder *Tatsächlich Liebe*, aber auch ein Film, der in Deutschland eher unbekannt sein dürfte, weil er dort nie ausgestrahlt wurde. 1958 drehte Disney ein Weihnachts-Special unter dem Titel *From All of Us to All of You.* Auf Dänisch: *Disney Juleshow: Fra alle os til alle jer.* Gastgeber in dieser Kompilation ist Jiminy Grille, der in verschiedenen Ausschnitten seine Kollegen – Bambi, Schneewittchen, Susi und Strolch usw. – in ihren Schlüsselszenen vorstellt. Da die Sendung von vielen Kindern gesehen wird, ist sie – entgegen unserer sonstigen Gewohnheit – syn-

chronisiert und nicht nur untertitelt worden. Die gute alte Grille sprach Ove Sprogøe, auch bekannt als Egon, der glücklose Kopf der Olsenbande. Diese Disney-Show wird jedes Jahr an Heiligabend um vier Uhr nachmittags im ersten Programm des dänischen Fernsehens ausgestrahlt. Es gibt Leute, die immer wieder bemerken, dass das Fernsehen früher wie ein Lagerfeuer war, um das sich die Menschen versammeln, dieser Effekt aber heute durch das Internet verschwunden ist. Doch wenn Jiminy Grille ruft, dann kommen in Dänemark immer noch alle zusammen. Ich kenne Leute, die noch nie in ihrem Leben eine Ausstrahlung der Sendung verpasst haben; und sie haben auch nicht vor, in den nächsten Jahren etwas daran zu ändern.

Das dänische Fernsehen produziert auch selbst seit den 1960er Jahren besondere Weihnachtsserien. Sie sind wie ein Adventskalender aufgebaut, das heißt, vom 1. bis zum 24. Dezember wird jeweils eine Folge gezeigt, und nach Heiligabend ist dann Schluss. Das Thema der Serien ist schon im weitesten Sinne weihnachtlich, allerdings gibt es auch viele weltliche Anspielungen, von denen einige ganz schön frech sind.

Die meisten dieser TV-Weihnachtskalender werden in Echtzeit inszeniert, das heißt, wenn eine Folge am 1. Dezember ausgestrahlt wird, dann spielt sie auch am 1. Dezember, und zwar zu genau der Uhrzeit, zu der sie gesendet wird. Das ist dann ein bisschen so wie die Lindenstraße am Tag der Bundestagswahl, nur eben 24 Mal im Monat.

Da die TV-Weihnachtskalender besonders bei Kindern beliebt sind, haben sie auch dazu beigetragen, neue Traditionen zu begründen. In den 1990er Jahren wurde eine TV-Serie ausgestrahlt, in der der kleine Bruder des Protagonisten jeden Abend einen Zettel auf die Straße warf, auf dem folgender Satz stand: »Dette brev, som jeg skrev, sender jeg gennem stjernernes vrimmel, mod den syvende himmel. Med vindens sus til julemandens hus!«

Nur für den Fall, dass Dänisch nicht zu den vielen Fremdsprachen gehört, die du sprichst, hier eine sinngemäße Übersetzung: »Diese Nachricht habe ich durch Sternschwärme bis zum siebten Himmel geschickt, auf dass sie dort erreicht das Haus vom Weihnachtsmann.«

Der Reim (ja, auf Dänisch reimt er sich) wurde bald zu einem geflügelten Wort, und er hatte auch einen praktischen Effekt. Wenn man Kindern erzählte, dass sie einfach ihre Weihnachtswünsche auf einen Zettel schreiben sollten, der dann über Pfützen, von da in die Flüsse, dann in das Meer und weitere verschlungene Wege direkt beim Julemanden landen würde, dann hatte man einen eleganten Weg gefunden, ihnen ihre Weihnachtswünsche zu entlocken, ohne nachher mit unbequemen Fragen konfrontiert zu werden. (»Woher weiß der Weihnachtsmann denn immer so genau, was ich mir gewünscht habe?«)

Eine der erfolgreichsten TV-Adventskalender war *The Julekalender* aus dem Jahre 1991. Hinter dem Projekt steckte das Comedy-Trio De Nattergale (der Name ist ein Wortspiel. Einerseits bedeutet er »Nachtigall«, kann aber auch als »geistig umnachtet«/»nicht alle Tassen im Schrank« interpretiert werden).

Alle drei Mitglieder des Trios spielten Doppelrollen, je einen Nissen und einen neuzeitlichen Dänen. Die Nisser (so die Mehrzahl von Nisse) hatten auch einen alten Kobold als Boss, der wurde durch Poul Bundgaard, einigen in Deutschland vielleicht als der überängstliche Kjeld von der Olsenbande bekannt, verkörpert.

Die Handlung von *The Julekalender* ist simpel. Die drei Nisser, die mit ihren spitzen Ohren ein bisschen so aussehen wie Spocks Kinder mit Zipfelmützen, leben glücklich und zufrieden und machen jede Menge Blödsinn. Doch dann kommen vampirartige Monster, die nur zwei Hobbys haben: Geld und Buchhaltung. Sie drohen, die Nisser auszulöschen oder zu vertreiben. Zum Glück können einige nach Amerika fliehen. Drei

Kobolde mit den Namen Fritz, Günther und Hansi (dass diese Namen sehr deutsch klingen, ist bestimmt kein Zufall) werden von Amerika zurück nach Dänemark geschickt, um irgendeinen geheimnisvollen Schlüssel zu holen. (Entschuldigung, ich weiß es nicht mehr ganz genau, warum – ist schon eine ganze Weile her, dass ich den Film zuletzt gesehen habe.) Auf der Suche müssen sie sich vor den blutsaugenden Monstern in Acht nehmen, die heute – um sich zu tarnen – Menschengestalt angenommen haben. Aber zum Glück gibt es ja noch Alkohol; unter dessen Einfluss werfen die Monster ihre menschliche Verkleidung ab und finden wieder zu ihrem alten Wesen zurück.

Der dänglische Titel *The Julekalender* kommt daher, dass die Kobolde einen seltsamen Mix aus Dänisch und Englisch sprechen. Da damals Englisch in Dänemark noch längst nicht so gut verstanden wurde wie heute, mussten die Macher davon ausgehen, dass außerhalb der großen Städte (also, wenn wir ehrlich sind, außerhalb von Kopenhagen) die Leute nur zur Hälfte verstanden, wovon die Kobolde redeten. Neben ihrer komischen Sprache, waren die Kobolde auch wegen ihrer Musikeinlagen und Tänze beliebt. Einige kann man noch heute auf YouTube sehen.

Der TV-Adventskalender *The Julekalender* war ein großer Erfolg in ganz Skandinavien. Die Serie wurde dort entweder als lokalisierte Variante neu gedreht oder mit Untertiteln ausgestrahlt. Und so konnte sich ganz Skandinavien gegenseitig Dialogszenen aus der Serie an den Kopf werfen. Es reichte, dass nur jemand einen Satz mit »It's hard …« begann, dann fand sich fast immer jemand, der ihn mit »… to be a Nissemand« beendete. Und beim Støvle-Tanz konnte man sich so richtig gehen lassen.

Nach dem Kalender konnten die durchgeknallten Nachtigallen noch weitere TV-Adventskalender landen, aber ursprünglich war dieses Format vorwiegend für Kinder gedacht. So wie die 2005 erstmals ausgestrahlte Serie *Juli i Valhal* (Weihnachten in Walhalla). In ihr werden nordische Mythen und christliche Weihnachtsbräuche mit derselben Unbekümmertheit vermischt, mit der auch die Wikinger vor mehr als 1200 Jahren das Weihnachtsfest mit ihrem jul zusammengebracht haben. Und weil diese Herangehensweise an die Sagen der eigenen Kultur außerordentlich hyggelig ist, lohnt es sich, genauer zu erzählen, worum es da ging.

Im Mittelpunkt der Handlung stehen Sofie und Jonas, zwei dänische Kinder aus der Gegenwart und ihr Abenteuer mit der nordischen Götterwelt. Sofie wächst bei ihrer alleinerziehenden Mutter Tove auf, die wegen eines neuen Jobs mit ihrer Tochter nach Singapur ziehen will. Bis es so weit ist, muss Sofie bei ihrer Großmutter Ragnhild leben. Sofie ist von den Umzugsplänen nicht begeistert, denn da ihre Mutter auf der ganzen Welt als große Expertin für Effizienz gefragt ist, muss Sofie dauernd den Wohnort wechseln und hat nie Zeit, richtige Freunde zu finden.

Auf einem ihrer Ausflüge in die Umgebung kommt Sofie zu einer Gruppe Hinkelsteine, die auf einem Hügel versammelt ist. Als sie näher tritt, hört Sofie darunter Geräusche, die klingen, als würden sie aus einer Schmiede kommen. Überrascht von dem Krach – ja überrascht, in modernen dänischen Märchen haben kleine Mädchen keine Angst mehr – läuft sie nach Hause und erfährt von Oma Ragnhild, dass ihr Haus nach Loki benannt ist, der der Sage nach noch immer unter der Erde angekettet sein soll.

Wohl klar, dass Sofie dem Geheimnis auf den Grund gehen möchte, und so kehrt sie zu den Hinkelsteinen zurück. Unter ihnen findet sie einen angeketteten Loki, der ihr mit seiner wilden schwarzen Mähne nun doch ein bisschen Angst macht. Er bietet ihr einen Deal an: Wenn sie ihn loskettet, gibt er ihr einen Runenstab, mit dem sie sich Wüsche erfüllen kann. Sofie lässt sich darauf ein. Loki hat den Arm frei, und Sofie kann mit dem Zauberstab das kranke Kaninchen ihrer Freundin heilen. Im Laufe der Serie wird der Deal mehrmals wiederholt. Bewegungsfreiheit für Loki gegen Zauberstäbe für die Kinder. Jonas, der Sofies heimliche Ausflüge in den Wald natürlich bemerkt hat, bekommt auch einen Zauberstab. Sofie ist inzwischen längst klar, wie sie die Zwangsumsiedlung nach Singapur vermeiden kann. Sie müsste nur den ganzen Loki losketten, dann würde er ihr den entsprechenden Zauberstab geben. Allerdings traut sie sich das dann doch nicht. Das ärgert Jonas mächtig, denn er hat Sofie inzwischen richtig gern und will unbedingt, dass sie in Dänemark bleibt und nicht in das doofe Singapur umzieht. Also geht er heimlich zu Loki und macht ihn los. Doch der Zauberstab, den er im Gegenzug bekommt, verfehlt seine Wirkung.

Sofie und Jonas fühlen sich von Loki betrogen, und obendrein wird plötzlich der Winter immer winterlicher. Oma Ragnhild erklärt, dass die Zeichen auf schweres Wetter stehen, den »Fimbulwinter«, und der seinerseits ist wieder ein Zeichen dafür, dass »Ragnarok« bevorsteht, der große Kampftag, an dem die Götter gegeneinander antreten. Allerdings, so tröstet die Großmutter, kann Ragnarok erst stattfinden, wenn Loki von seinen Ketten befreit ist. Insofern besteht also keine Gefahr.

Doch Sofie und Jonas erkennen schlagartig, was sie angerichtet haben. Im Showdown versuchen sie den Kampf der Götter zu verhindern und Loki mit seinen Kollegen zu versöhnen. Ein echt nordisches Drama! Versierte Serienprofis könnten einwenden, dass die Storyline von *Juli i valhalla* ein manchen Stellen holzhammerartig daherkommt, aber zur Verteidigung dieser und anderer Produktionen möchte ich anführen, dass Kinder bei der Gelegenheit viel über nordische Mythen lernen können, und zwar ohne sich dabei stundenlang Musik von Richard Wagner anhören zu müssen. Da ist die Musik in dieser Serie leichter verdaulich. Außerdem ist die Unbekümmertheit, mit der hier Weihnachten, nordische Göttermythen, Patchworkfamilien und Zivilisationskritik durcheinandergeworfen werden, so liebevoll, dass einem beim Zuschauen zwangsläufig hyggelig zumute werden muss.

# AUS DAS MÄDCHEN
## MIT DEN STREICHHÖLZERN VON
## HANS CHRISTIAN ANDERSEN

Da saß sie unter dem schönsten Weihnachtsbaume.
Der war noch größer und aufgeputzter als der, den sie
zu Weihnachten durch die Glastür bei dem reichen Kaufmann erblickt
hatte. Viele tausend Lichter brannten auf den grünen Zweigen,
und bunte Bilder wie jene, die in den Ladenfenstern lagen,
schauten zu ihr herab. Die Kleine streckte beide Hände in die Höh –
da erlosch das Streichholz; die vielen Weihnachtslichter
stiegen höher und immer höher, nun sah sie, dass es die klaren Sterne
am Himmel waren, einer davon fiel herab und machte einen
langen Feuerstreifen am Himmel.

# HYGGELIGE WEIHNACHTSLIEDER

Dass die Weihnachtssaison im Radio mit *Last Christmas* eingeläutet wird, ist in Dänemark auch nicht anders als anderswo, und zu Silvester wird genauso wie an vielen anderen Orten *The Final Countdown* von der schwedischen Band Europe gespielt. Aber es gibt eben auch einige Weihnachtslieder, die typisch dänisch sind. Generell gilt für dänische Weihnachtslieder, dass sie eher selten leise und besinnlich sind. Mit anderen Worten, Songs wie *Stille Nacht* haben es hier eher schwer, weil es eben selten still ist. Ein richtiger »julesange« muss baumtanzkompatibel sein und das setzt eine gewisse Robustheit voraus. Gerade darin liegt für uns aber das Hyggelige: Das gemeinschaftliche Singen, Lachen und Laute-Spaß-Haben ist uns im Zweifelsfalle nämlich wichtiger als die besinnliche Feierlichkeit. Wir haben schon unsere Momente, wo Gesang schön und eindringlich sein soll (ich sage nur Santa Lucia), aber wenn es nicht so drauf ankommt, darf jeder mitknödeln, so gut wie er kann. So wurde zum Beispiel bei uns in der Familie immer gern gesungen, und das nicht nur an Heiligabend, sondern auch an den Adventssonntagen davor. Und das hat uns allen sehr viel Spaß gemacht. Nur die Nachbarn wirkten nicht immer völlig begeistert. Aber was will man machen? Man kann schließlich nicht erwarten, dass man nur unter kunstsinnigen Leuten lebt. Obwohl, Herr Olssen, der eine Zeit lang nebenan wohnte, hatte sogar als Bratschist an der Oper sein Geld verdient. Eines Abends klingelte er bei uns: »Es ist wirklich sehr schön, wie ihr Freude an der Musik zeigt.«

»Nicht wahr«, antwortete mein Vater und zog meine Mutter stolz an sich. Auch wir Kinder strahlten. War ich doch noch vor ein paar Tagen in der Schule mit einem Nebelhorn im Hafen von Kopenhagen verglichen worden, da tat dieses Lob aus berufenem Munde richtig gut.

»Aber einen Vorschlag hätte ich dann doch noch«, sagte Herr Olssen. »Habt ihr eigentlich schon mal überlegt, eure Weihnachtslieder als Pantomime aufzuführen? Ich denke, das könnte noch schöner werden. Jedenfalls für mich.«

Den Rest des Abends verbrachte mein Vater damit, sich Bratschisten-Witze auszudenken (zum Beispiel: Wie bringt man Bratschisten dazu, Sechzehntel zu spielen? Antwort: Man sagt vier von ihnen, sie sollten gleichzeitig eine Viertelnote spielen), und die nächsten Tage wurde nicht mehr gesungen. Schließlich siegte aber unsere Sangesfreude über Höflichkeit und Schamgefühl, und wir stimmten wieder miteinander ein – wenn auch nicht mehr so laut.

Eines der Lieblingslieder unserer Familie war immer:

### Nu er det jul igen

Auf Deutsch heißt das Lied: Nun weihnachtet es wieder. Der Text ist einfach, aber nicht ohne Tücken. Während in den ersten Zeilen dem Zuhörer versichert wird, dass die Feiertage nun bis Ostern andauern, folgt in der nächsten Zeile schon die Korrektur: Nee, geht ja nicht, denn erst kommt die Fastenzeit. Und inzwischen dürfte klar sein, dass sich die überhaupt nicht mit den Weihnachtsleckereien verträgt.

*Nu er det jul igen* ist im Tempo sehr variabel, was das Liede geradezu ideal zum Baumtanzen macht, denn es sind ja nicht alle gleich schnell unterwegs. Bei uns war der Song – vor, nach und während der Herr-Olssen-Ära – so etwas wie der familiäre Hit Nummer eins. Es kam tatsächlich vor, dass wir dieses Lied eine halbe Stunde gesungen (und getanzt) haben, inklusive Richtungswechseln und Ausflügen durch das ganze Haus. Wenn man nicht auf-passt, könnte es vielleicht doch noch passieren, dass wir bis Ostern durchsingen …

### Sikken voldsom trængsel

Dieses Lied über den vorweihnachtlichen Stress (zu Deutsch: Was ist das nur für ein Gedränge und Gezerre) wurde schon 1848 komponiert, und auch wenn man den Text nicht versteht, bekommt man den Ein-druck, dass das mit der Hektik und dem Trubel nicht ganz so ernst gemeint ist. Zu den Leuten, die dieses Lied interpretiert haben, gehört unter anderem der olsenbandige Poul Boundgaard (»Kjeld«). Und unser Onkel Rasmus.

### »På loftet sidder nissen med sin julgrød«
*(Auf dem Dach sitzt der Kobold mit seinem Weihnachtsbrei)*

Das ist ein Lied, das ich mit meiner Schwester als Kind gern zusammen gesungen habe. Es gibt auch eine deutsche Übersetzung, aber in meinem Kopf habe ich natürlich die dänische Version meiner Kindheit. Vor und nach dem Singen habe ich mich mit Dörte immer gestritten, wer die größere Angst vor den Nissern hätte. Ich war natürlich der Meinung: sie. Denn dass ich immer total furchtlos auf den Dachboden gestiegen bin, weißt du ja bereits.

Und dann gibt es natürlich noch:

*Glade Jul dejlige jul*
(Stille Nacht, heilige Nacht)

Ja, ich weiß. Ich habe gesagt, dass so ein Lied im tumultuösen dänischen Weihnachten keine Chance hat. Aber das heißt ja nicht, dass es – die richtige Umgebung vorausgesetzt – nicht zur Aufführung kommen kann. (Und nur unter uns: Genau das ist das Lied, bei dem auch die erwachsene Dörte noch ab und an feuchte Augen bekommt.)

Glade jul, dejlige jul,
engle daler ned i skjul!
Hid de flyver med paradisgrønt,
hvor de ser, hvad for Gud er kønt,
lønlig iblandt os de går,
- lønlig iblandt os de går!

Julefryd, evige fryd,
hellig sang med himmelsk lyd!
Det er englene, hyrderne så,
dengang Herren i krybben lå,
evig er englenes sang,
- evig er englenes sang.

Fred på jord, fryd på jord,
Jesusbarnet blandt os bor!
Engle sjunger om barnet så smukt,
han har Himmerigs dør oplukt,
salig er englenes sang,
- salig er englenes sang.

Salig fred, himmelsk fred
toner julenat herned!
Engle bringer til store og små
bud om ham, som i krybben lå;
fryd dig, hver sjæl, han har frelst,
- fryd dig, hver sjæl, han har frelst!

(Dänischer Text von Bernhard Severin Ingermann)

## AUS *ZWÖLF MIT DER POST*
## VON HANS CHRISTIAN ANDERSEN

Es war eine schneidende Kälte,
sternenheller Himmel, kein Lüftchen regte sich.

»Bums!« Da wurde ein alter Topf an die Haustüre
des Nachbars geworfen.
»Puff, paff!« Dort knallte die Büchse;
man begrüßte das neue Jahr. Es war Neujahrsnacht!
Jetzt schlug die Turmuhr zwölf!

»Trateratra!« Die Post kam angefahren.
Der große Postwagen hielt vor dem Stadttore an.
Er brachte zwölf Personen mit,
alle Plätze waren besetzt.

»Hurra! Hurra! Hoch!«,
sangen die Leute in den Häusern der Stadt,
wo die Neujahrsnacht gefeiert wurde und man sich
beim zwölften Schlage mit dem gefüllten Glase erhob,
um das neue Jahr leben zu lassen.

# XIII.
# AUF EIN HYGGELIGES NEUES

Am Anfang war ich überrascht und auch ein wenig geschmeichelt, als sich meine Kollegen in Deutschland so sehr für dänische Weihnachtsbräuche interessierten. Aber als ich dann so richtig in Fahrt war und mein innerer Erklär-Bär auf Hochtouren lief, wollte ich natürlich gleich weitermachen und noch mehr über hyggelige dänische Silvesterbräuche erzählen. Da allerdings erlebte ich eine Überraschung. Ich brauchte eine Weile, bevor ich begriff, warum, aber ich denke, du wirst sofort erkennen, wo das Problem lag. Am besten erzähle ich einfach der Reihe nach.

»Also ein ganz wichtiger Tagesordnungspunkt an Silvester ist bei uns die Ansprache der Königin«, sagte ich.

»Aha«, antwortete irgendjemand in der Runde.

Das klang jetzt nicht so begeistert, aber ich fuhr noch einigermaßen unbeirrt fort. »Die Königin hält ihre Ansprache jedes Silvester Punkt 18 Uhr, und die Ansprache wird live aus Schloss Fredensborg übertragen. Diese Rede an die Nation hat eine lange Tradition, Christian IX. hat damit schon 1880 angefangen. Auch wenn die Rede selbst vielleicht gar nichts so Besonderes ist, glaube ich nicht, dass es auch in anderen Ländern selbstverständlich ist, dass die Neujahrsansprache des Staatsoberhauptes regelmäßig die höchsten Einschaltquoten erreicht. Dronning Margarethe ist also nicht nur Herrscherin, sondern außerdem noch der größte TV-Star des Landes. Man muss aber fairerweise zugeben, dass nicht alle Leute die Rede sehen, weil sie interessiert, was die Königin zu sagen hat. Es gibt auch Leute, die einfach nur wetten, welche Themen in der Rede angesprochen werden, und wenn sie richtig getippt haben, dann haben sie gewonnen. Sie funktionieren die Rede also gewissermaßen in eine Art Königinnen-Bingo um. Ob man das witzig findet, muss jeder selbst entscheiden. Über zwei Punkte der Rede müssen allerdings keine Wetten abgeschlossen werden. Es gehört sich einfach schon seit Jahren, dass die Königin unsere Freunde, die Grönländer, und unsere Freunde, die Fähringer von den Färöer-Inseln, begrüßt. An Weihnachten hält bei uns übrigens niemand eine Rede. Der Ministerpräsident ist erst am Neujahrsabend dran. Man kann ja mal darüber nachdenken, ob das hyggeliger ist, wenn sich die Politiker aus den Weihnachtsfeierlichkeiten raushalten. Da der Ministerpräsident öfter wechselt als die Königin, hat er natürlich viel schlechtere Chancen, ein Fernsehstar zu werden.

Bis jetzt hatte es mich noch nicht verunsichert, dass die Mitteilung, in Dänemark halte die Königin an Silvester eine Rede, nicht mit der in Weihnachtsfragen so üblichen Neugier aufgenommen wurde. Ansprachen zum Jahreswechsel gibt es anderswo schließlich auch. Vielleicht nicht so hyggelige wie in Dänemark, aber das liegt ja auch immer im Auge des Betrachters (beziehungsweise im Ohr des Hörers). Und ich hatte noch ein weiteres Ass im Ärmel.

»Und dann gibt es noch eine weitere Tradition, die hat wieder mit dem Fernsehen zu tun. Die Sendung läuft jedes Jahr, kurz bevor der Jahres-Countdown runtergezählt wird. Das ist eine alte englische Serie über einen Diener, der bei dem Silvester-Dinner seiner Herrin in die Rollen der verstorbenen Tischgäste schlüpfen muss und dabei immer betrunkener wird. Die Serie heißt *Dinner For One*. Kennt ihr die?«

Ich muss ehrlich gestehen, dass ich mich an diese Stelle ziemlich blamierte, denn einige meiner Kollegen hatten tatsächlich die Stirn, mit Pokermiene zu sagen: »Nö. Erzähl doch mal.«

Inzwischen weiß ich natürlich auch, dass *Dinner for One* in Deutschland ebenso ein Silvesterritual ist wie in meiner Heimat. Überhaupt scheinen beide Länder zum Jahreswechsel auf einem ähnlichen Niveau hyggelig zu sein. Was es da an Unterschieden gibt, sind eher Nuancen.

So ist Weihnachten in Dänemark eher ein Fest der Familie, und Silvester verbringt man mit Freunden und solchen, die es werden sollen (oder wollen). Wenn es zwölf Uhr schlägt, gehört es zum guten Ton, ins neue Jahr zu springen, und zwar vom höchsten vertretbaren Punkt, den es in der Wohnung gibt. Meist ist dies das Sofa, obwohl Onkel Rasmus einmal auf die etwas abgedrehte Idee kam, ausgerechnet vom ... aber nein, ich höre damit jetzt besser auf. Der gute Onkel ist in diesem Buch nicht allzu gut weggekommen, deswegen soll er zumindest am Ende verschont werden, schließlich hat er auch seine guten Seiten, wie die meisten Menschen, wenn man sie richtig zu nehmen weiß. Übrigens zeigt sich auch das Leben öfter als man denkt von den schönen Seiten, wenn man weiß, wo man sie findet oder suchen muss. Und ein neues Jahr ist immer ein guter Moment, mit etwas Neuem und Schönem zu beginnen, aber es ist auch ein guter Augenblick, einen Schlusspunkt unter gewisse Dinge zu setzen. Zum Beispiel unter dieses Buch. Ich hoffe, es hat dir gefallen.

PS.

Nein, so richtig Schluss ist doch noch nicht. Denn falls jemand noch ein Rezept für einen guten Start ins neue Jahr sucht, hier ist es: »Nytårstorsk«, oder auf Deutsch: Neujahrsdorsch. Da es in Dänemark so gut wie keinen Ort gibt, der weiter als eine halbe Stunde mit dem Auto von einer Küste entfernt ist, liegt es nahe, dass sich in der dänischen Küche viele Fischrezepte finden lassen. Die Neujahrsgerichte sind im Unterschied zu den Weihnachtsmenüs eher leichter.

**Zutaten für vier Personen**

1 l Wasser
1 Teelöffel Salz
2 ganze Pfefferkörner
1 Lorbeerblatt
1 Schalotte
1/2 Teelöffel Essig
500 g Dorsch (mit Haut und Gräten)
4 Scheiben Speck
4 Scheiben Roggenbrot

4 Teelöffel »Dijonnaise« (das ist Dijon-Senf und
Mayonnaise, gemischt zu gleichen Teilen)
etwas frischer Meerrettich
1 Teelöffel Kapern
2 Teelöffel gehackte Petersilie
4 Scheiben eingelegte Rüben

### Zubereitung

**1.** Wasser in einem Topf zum Kochen bringen.
**2.** Salz, Pfeffer, Lorbeer, die Schalotte (geschält und gewürfelt) nebst
Essig hineingeben.
**3.** Den Dorsch ins Wasser geben und aufkochen lassen.
**4.** Dann den Topf von der Flamme nehmen und den Fisch 20 Minuten
ziehen lassen.
**5.** Den Dorsch aus dem Wasser nehmen, häuten und in vier Portionen
teilen.
**6.** Den Speck in einer Pfanne knusprig anbraten.
**7.** Das Roggenbrot in vier runde Scheiben schneiden und in einer Pfanne leicht anrösten.
**8.** Die Brotscheiben auf vier Teller geben, mit Dorsch und Speck bele-
gen und mit Dijonnaise, Meerrettich, Kapern und Petersilie garnieren.

Nach der üppigen Weihnachtszeit und einem rauschenden Silvesterfest
ist der Neujahrsdorsch der perfekte Start ins neue Jahr. In diesem Sinne:

*Godt nytår!*

Arne Johansen